プロローグ

鳥集 徹

「受験でトップを獲《と》れる才能のある人が、こぞって東大医学部を目指すなんて、バカなんじゃないの？」

ごめんなさい、「バカ」は言い過ぎだったかもしれません。でも、20年以上にわたり医療現場を取材してきた私は、半分本気でそう思っています。

私はこれまでに、何千人という医師に取材してきました。そのなかで東大医学部出身の人を思い出せる限り数えてみたら、50人を超えていました。

そのなかには、医師として優れているだけでなく、人間として尊敬できる人もいました。「天は二物を与えず」と言いますが、天に二物も三物も与えられた人間が現実にいるのです。

しかし、全員がそういうわけではありません。これまでの医療を変えるような、優れた業績を上げている人がいる一方で、多くの人は他大学出身の医師と比べて、飛び抜けてスゴイとは感じませんでした。

取材をすると頭の回転が速過ぎるせいか、むしろそれが仇《あだ》になってうまく話がかみ合わず、コミュニケーションが難しいと感じる人もいました。さらに言えば、「この人は、医師になるべきではなかったのでは？」と思わざるを得ない人もいました。

今回の新型コロナに関する言動でも、東大医学部出身なのに的を外した意見をテレビやSNSで発信し、感染症専門医などから批判を受けた医師がいました。そういう人の姿を見ると、医療以外の別のところで能力を発揮していただいたほうがよかったのではないかと残念に思うのです。

東京大学医学部医学科への進学が約束された理科Ⅲ類（理Ⅲ）が、日本のすべての大学学部のなかで偏差値トップであるだけでなく、東大の他学部に比べても飛び抜けて難関であることは、よく知られています。

共通のテストを受ける東大理系の2020年の合格最低点は、理Ⅰ（主に理学部、工学部等に進学）が320・7点、理Ⅱ（主に農学部、薬学部等に進学）が313・0点なのに対し、理Ⅲは385・6点でした（二次試験440点満点、センター試験110点満点に換算の合計点）。

理Ⅲに入るには、550点満点のテストで理Ⅰ、理Ⅱよりもさらに60〜70点も高い点数を取らなくてはいけないのです。そうしたことから、東大のなかでも理Ⅲの合格者は畏敬の念を込めて「宇宙人」と呼ばれているそうです。確かに、東大に入れるだけでもスゴイのに、そのなかでもさらに狭き門を突破できるなんて、地球人ではないのかもしれません。

現在、日本で一番東大合格者を出しているのは開成高校（東京都）ですが、理科Ⅲ類合格者数に限っては灘《なだ》高校（兵庫県）が何年も連続してトップを走り続けており、その事実をもって灘高校は「日本最強の進学校」の名誉をほしいままにしてきました。灘高出身の東大生YouTuberの番組でも、理Ⅲ合格者は「別格」と語られています。

東大理科Ⅲ類（定員90名）の合格者が、その世代でトップ100に入るほどの英才であるのは間違いありません。一世代がだいたい百数十万人ですから、理Ⅲの合格者は1万人に1人出るか出ないかの逸材なのです。

でも、そんなにスゴイ頭脳の持ち主なのに、なぜあえて医師になろうとするのか、私にはまったくわかりません。東大医学部を出たからといって、それだけで医師のなかで「別格」の存在になれるわけではないからです。

確かに昔は、大きな権勢を誇っていました。日本初の官立医科大学として設立された東京帝國大学医学部は、明治政府が採用したドイツ医学を国中に普及させ、全国の医学校に指導者（教授）を送り出す特別な役割を担っていたからです。

日本医学会、日本内科学会、日本外科学会をはじめ、主要な専門医学会の歴代理事長も東大医学部出身者が占めるなど、日本の医学・医療界をリードする人材を輩出し続けてきました。いまでも、東大医学部だけでなく全国の大学医学部に多くの教授を送り出し、主要な医学会の理事長を務めているOBが何人もいるのは事実です。

しかし、往時の勢いはもうありません。実は、東大出身の医学部教授は以前に比べかなり減っているのです。1980年に東大医学部出身の教授が10人以上いた大学19校に絞って調べたデータでも、2017年にはその頃に比べ半数以下に減っていました（詳しくは拙著『医学部（文春新書）』をご参照ください）。

専門医学会や研究会などでも、東大医学部以外の著名な医師がリーダー的な役割を務めることが増えました。他の医師から高く評価される「名医」と呼ばれる医師を見ても、東大医学部卒業者は必ずしも多くないのが実情です。

多くの医師に取材してみると、東大医学部卒業者の頭のよさには舌を巻くことが多いと口をそろえます。でも、頭がいいからといって、医師として優れているとは限らない――。それが、現在の医学・医療界での東大医学部OBに対する評価なのです。

なぜ、医学・医療界で東大医学部の相対的な地位が下がってしまったのでしょうか。それは21世紀に入ってから、かつてのような権威主義的な医療が批判され、臨床を重視した医療へのパラダイムシフトが起こったからです。

かつては東大医学部教授が「白といえば白」「黒といえば黒」というような権威主義的かつ経験主義的な医療がまかり通っていました。部下が異を唱えようものなら、出世の道は閉ざされ、へき地の関連病院に飛ばされてしまう――山崎豊子の小説『白い巨塔』に描かれたような封建的な体質が実際にあったのです。

しかし、こうした権威主義的なあり方は、医療ミスがあっても誤魔化すような隠蔽《いんぺい》体質の温床となりました。また、経験だけに基づいた医療だと、思い込みによって間違った治療を施すことにつながるという批判も起こりました。

その反省として、2000年に入った頃から、権威や経験よりもエビデンス（科学的根拠）に基づいた医療を重視すべきという考えや、患者のことを第一に考えた医療をすべきという思想が主流になっていったのです。

この流れに応じて、医学部の教育も変わっていきました。昔は、教授の講義をうやうやしく大教室で座って聞く座学や、先輩医師の手技を見様見真似《みようみまね》で盗み取る徒弟制度的な教育が行われていました。

医学部で教える教育内容も大学によって異なっていました。私立大学医学部のように、開業医の子弟を育てる教育に重点を置いている大学もあれば、東大をはじめとする旧帝國大学医学部では、臨床よりも研究を優先した教育が行われていました。

しかし、こうした状況を放置したままだと、医学部で教える内容がバラバラで、地域によって医療の質に差が出てしまいます。それだけでなく、臨床技術に乏しく、患者をきちんと診療できない医師が育ってしまうという反省も生まれました。

そこで2001年に、文部科学省が医学部で教えるべき基本的な項目を示した「医学教育モデル・コア・カリキュラム」を作成しました。これによって、どの大学でも共通のプログラムを基本とした医学教育が行われることになったのです。

そのカリキュラムで重点が置かれているのは、「よき臨床医になること」です。

患者とうまくコミュニケーションを取りながら診察を行い、問診や検査の結果から的確な診断をつけて、エビデンスを参照しながら個々の患者に合った最良の治療を施す——。

こうしたことが間違いなくできる臨床医になるための「職業訓練」が徹底して行われるようになったのです。

東大医学部も例外ではありません。医師の資格を得るためには、他大学と同じコア・カリキュラムに基づいた臨床教育を受けなくてはなりません。東大医学部も、臨床医を育てる「職業訓練校」の一つに過ぎなくなったのです。

もちろん医師になるには、大量の医学知識を修める記憶力や、それを引き出して使いこなす応用力、医学論文を読みこなす英語力、研究をするために統計を使いこなす数学力など、人並み以上の高い学力が必要なのは言うまでもありません。

しかし、よき臨床医になるには、外来や手術など長時間の肉体労働に耐えられるタフさや、老若男女誰とでも（ときには認知症の人やヤクザのような人とも）上手く関係を築けるコミュニケーション力が必要です。医師の仕事は決してスマートなものでなく、多くの人が思っている以上に泥臭いものだと私は感じています。

それに、新型コロナウイルスのような未知の感染症が流行したときにも、よき臨床医なら率先して最前線に立たねばなりません。医師は、そんな身を切るような覚悟も求められる職業なのです。

受験でトップを獲れる才能の持ち主でも、そんな泥臭い医療現場に飛び込む覚悟で東大医学部に入るのなら、それはそれでいいと思います。実際に東大医学部を卒業して、素晴らしい臨床医になった人はたくさんいます。

ただし、現実としてよき臨床医になるのに、東大のなかでも「宇宙人」と呼ばれるほどの飛び抜けた頭脳は不要です。むしろ「邪魔になる」という医師もいます。

実際に東大医学部を出ていなくても、臨床医として立派な仕事をしている人や、医学研究者として優れた業績を出している人はいくらでもいます。私自身、地方の国公立大学や私立の伝統校を出た人のなかに、「いいお医者さんだなぁ」と思う人が多い印象があります。

「東大医学部を出たって、いいお医者さんになれっこない」と貶《おとし》めたいがために、こんなことを書いているわけではありません。そうではなく、偏差値でトップを獲れるようなスゴイ人たちは、医療とは違う別の分野に進んだほうが、その人の才能を生かせるのでは？と思うことが多い、ということなのです。

もちろん、東大医学部を出たからといってみんなが臨床医になる必要はなく、京都大学の本庶佑《ほんじょたすく》特別教授や、神戸大学の山中伸弥教授のような基礎医学の研究者になって、ノーベル賞を目指す道もあります。実際、東大医学部卒業者のなかにも、基礎医学の研究者として立派な仕事をしている人がたくさんいます。

しかし、東大医学部や京大医学部を出たとしても、それができる人は一握りだという現実も知っておいてほしいのです。なぜなら、現実として基礎医学のポスト（就職口）は少なく、それだけでご飯を食べていくのは難しいからです。

東大医学部を出ても、ほとんどの人が食い扶持《ぶち》を確保するために臨床医を目指し、医師国家試験の勉強や臨床研修に時間を割かざるを得ないのが現実です。基礎医学の研究を行うとしても、食い扶持を確保するために臨床の教室に所属して、診療をしながら研究する人が多いので、研究レベルが中途半端になっているという指摘もあります。

東大理Ⅲに合格した人たちの合格体験記を読むと、将来は研究者になりたいという人が半数近くを占め、画期的な治療法や新薬を開発したいと希望を語る人も多いのですが、現実としてみんなが研究に没頭できる環境にはなっていないのです。

では、東大医学部の卒業者にとって「出世」とは何を意味するのでしょうか。多くの人が目指すのが、「医学部教授」になることです。その頂点にあるのは、もちろん「東大医学部教授」で、旧帝大の教授や有名私大の教授になれた人も、成功者と言えるかもしれません。

現在、公立大学の教授を務める50代の東大医学部ＯＢに聞いたところ、同級生の約半数がどこかの医学部教授を務め、3～4割が関連病院の院長や部長クラス、そして1～2割が開業医とのことでした（この教授の割合は、年々減っていくと思われます）。

その出世頭といえる東大医学部の教授に求められている医学・医療界での役割とは何なのでしょうか。京大など他大学出身の教授に取材したところ、多くの人が「学会のとりまとめ役」と答えました。

なぜなら、東大教授は厚生労働省や文部科学省と距離的にも関係的にも近いため、官僚たちと折衝がしやすいからです。研究グループを作って、国からの研究費（科研費）を各大学の関係する教授たちに分配するのが、東大教授の役割だと話す人もいました。

しかし、これが1万人に1人もいないスゴイ頭脳の持ち主のすべきことなのでしょうか。

少なくとも社会が求めているのは、そんな官僚やビジネスマンのような仕事ではなく、「ノーベル賞を取るような研究をしてほしい」ということではないでしょうか。

前述の通り、京大医学部からはノーベル賞学者が出ています。でも、残念なことに東大医学部卒業者からは、まだノーベル賞受賞者は出ていません。その理由は、この本で対談した和田秀樹さんによると、東大医学部には才能をスポイルしてしまう組織的な問題があるからだと言います。

それは医療現場を取材してきた私もなんとなく理解できます。東大医学部こそ権威主義的かつ経験主義的な医療の総本山であり、その体質からまだ抜け切れていないと感じることが少なくないからです。

東大医学部をディスるようなことばかり書いているからといって誤解されたくないのですが、東大医学部の人たちに恨みも嫉妬も何もありません。むしろ偏差値でトップを獲れるような才能の持ち主は、「国の宝」とすら思っています。

でも、そんな「国の宝」を社会が生かし切れていない。そのことを、とても残念に思っているのです。それどころか、もし若い人たちの才能をスポイルしてしまっているのだとしたら、我々大人たちの責任は重大です。

この残念な状況を変えるには、どうすればいいのでしょうか。私は東大理Ⅲが「偏差値トップ」という風潮をあらためるべきだと考えています。

理系で偏差値トップを獲れるような人は、むしろ第一に、数学、物理学、統計学、ＡＩ

（人工知能）、ＩＴ（情報技術）等々の進路を考えてみてはどうでしょうか。社会は今、そうした人材を求めています。あなたの才能をフルに生かせるかもしれません。

そして国は、そうした未来を切り拓《ひら》く分野のスペシャリストたちに、才能や業績に見合った報酬を与えられるような政策を推進すべきだと思います。なぜなら、受験エリートの多くが、医学部を目指す理由として「食いっぱぐれがない」ことを挙げるからです。

「医者にならないと、食べていけない」と若者に思われているなんて、この国は、ほんとうに情けないと心から思います。現実に、かつて人気のあった法学部（文Ⅰ）や理学部・工学部（理Ⅰ）を志望する人が減り、優秀な若者が医学部に流れてしまっていると言われています。国を動かす政治家や官僚、法曹界、理工学系の研究分野や日本を支えるメーカーにも、優秀な人材は必要です。医学部ばかりに逸材が偏って、この国は大丈夫なのかと本気で心配になります。

東大医学部の先生方にも、自分たちがどうあるべきなのか、真剣に考え直していただきたいと思っています。もし「よき臨床医になる」ことを目的とするならば、偏差値トップにこだわる理由は一つもありません。

東大には、教養学部に所属する2年生から3年生に上がるときに、希望の学部学科を選ぶ、「進学振り分け」という独自の制度があります。そのときに、医学部の定員全員を理Ⅲに限らず、すべての2年生から募集してはどうでしょうか。そのときに、本気で臨床医になりたい人だけ採ればいいのです。そして、臨床医に向いていないと判断できる学生は、たとえ理Ⅲでも別の道に進んでもらうよう、きめ細かい進学指導をすべきだと思います。

あるいは東大医学部を、臨床医コースと研究者コースの二つに、すっぱり分けてしまってはどうでしょうか。医学部のなかで全員が臨床医になる教育をフルで受けるのは、将来、基礎医学の研究者になりたい人には時間の無駄だという意見を、基礎医学研究をやっている東大医学部ＯＢから聞いたことがあります。

臨床をやりながら研究もするという中途半端なことはやめて、基礎医学の研究者になりたい人には、安心して研究に没頭できる環境を与えるべきだと思います。そして、臨床と研究を連携することで、東大医学部は臨床も研究も日本トップ、いや世界トップだと堂々と言えるような医学研究機関に生まれ変わってほしいと願います。

最後に、灘、開成、筑波大附属駒場、桜蔭といった、理Ⅲ合格者の多い進学校の教員や学生、保護者の方々にも、進路のことを真剣に考えてほしいと思います。「理Ⅲが偏差値トップだから」「理Ⅲに入れさえすればなんとかなる」「医者なら食いっぱぐれがない」という考えはもう古いので、捨ててください。

東大医学部に入って医師になったとしても、高い臨床技術やコミュニケーション力がなければ、かえって他大学出身の優秀な臨床医にバカにされるだけです。「偏差値トップだった」というプライドの高かった人ほど、挫折《ざせつ》をすると心に大きな傷を負うかもしれません。

すでにロートルの域に入った私は、この国の未来を才能ある若者たちに託すしかありません。そのためには、優秀な人たちの才能をスポイルすることなく、適材適所でフルに発揮できるような世の中にすることが大切だと思うのです。

この本が、皆さんにふさわしい進路を考える一助になれば幸いです。

尚、母校を貶めるような質問を多数したにもかかわらず、嫌な顔一つせず快く言いたい放題答えてくださった和田秀樹先生に敬意を表します。また、対談のまとめや脚注の執筆など大変な作業をコツコツと行ってくださったブックマン社編集部に心から感謝いたします。

東大医学部　目次

第2章 東大医学部を出た人は、どんな医者になっていくのか？

第3章　天才集団・東大医学部よ、小さくまとまっている場合じゃない。

第1章

東大理Ⅲに入れるのは、どんな子どもか？

高2で進路選択をし、東大理Ⅲに現役合格するということ

鳥集　私は医療ジャーナリストとして、今まで実にたくさんの医療者の取材をしてきました。東大医学部出身の医師にもたくさん会ってきました。

しかし、おこがましい言い方に聞こえるかもしれませんが、東大医学部卒の医師のお話を聞くと、「もったいないなあ」と感じることがあります。他大学出身の医師と比べて、とりわけスゴイ仕事をしていると思えないことも多いからです。

彼らは最も偏差値の高い理Ⅲに合格した、頭がよくて能力のある人たちです。日本の未来、もっと言えば、世界の医療を変えていく仕事をすればいいのに、と。だからこそ、「もったいないなあ」と思うのです。

今、全国に82校ある医学部のうち、偏差値1位が東京大学の最難関、理科Ⅲ類です。そこから後期課程で、「東大医学部」となります。いわば狭き門中の狭き門なのは間違いありません。

そんな最難関に入れるなんて、どんな子どもだったんだろうと率直に思います。

　そこで、最初におうかがいするのですが、和田さんが、東大理Ⅲの受験を意識したのは、何歳くらいからですか？

和田　高2になってからです。私の進路選択はすごく遅いほうでした。というのも私は、灘中・高*の出身なのですが、高1の頃までは、理Ⅲどころか、東大に入れるか入れないか微妙な成績だったのです。1学年約220人中、下から50番くらいの成績でしたから。

鳥集　そもそも、高校入学時には医学部を目指していなかったということですか？

和田　最初に告白しておきましょう。私は高校1年生までは夢もなく、東大に入れるかどうかわからない少年でしたが、17歳

灘中・高
灘中学校、灘高等学校。灘五郷の酒造家、両嘉納家および山邑家の篤志を受けて、旧制灘中学校として昭和2年に創設される。当時の東京高等師範学校（現筑波大学）校長兼講道館館長であった嘉納治五郎氏が開校当初の顧問。校是にも柔道の精神「精力善用」「自他共栄」を採用している。戦後より、中高6年間の一貫教育の形態をとる。

のときにある映画を観て、将来は映画監督になるという夢を持ちました。だから自慢じゃないけれど、高3のときには映画を300本も観ていたのです。ただ、その当時に日活が助監督試験をやめたので、東大の文系から社員助監督になる道が閉ざされました。そこで、自分で金を作って映画を撮ろうと思ったわけです。当時はATG（日本アート・シアター・ギルド）という会社が1000万円映画というのを始めたのですが、終身雇用の時代に、映画を撮るために休むことができて、そのための資金が作れる仕事は医者しか思いつきませんでした。弁護士も考えないではなかったのですが、大学に入ってからの勉強の大変さから、映画を観ることも、作ることもできないだろうと思ったこともあります。小さい頃から親に言われていたことも思い出しました。「あんたは変わり者やから、会社勤めは続かんやろ。ちゃんと勉強して一生食べられる資格を取らんと大変なことになるで」と母親からは言われ続けていたのです。

当時はまだそんな言葉はありませんでしたが、母親は私のアスペルガー的な気質に気がついていたのだと思います。会社勤めをせずに一生食べられる資格とは、暗に「医者か弁護士になれ」と言っているなというのも薄々わかっていました。

確かに私は、思ったことをすぐ口にして友達を怒らせたり、相手の顔色を気にせず話を続けてしまったりすることがあって、母親の言う通りかもしれないと思うようになりました。

それで、高2の頃に医学部を、その後勉強法を変えて成績が上がってから、東大理Ⅲを目指すことにしたのです。自主映画を撮るなら東京の方が有利だし、映画の現場の使い走りもできると考えたのです。

また、私の生まれた家は普通のサラリーマン家庭でしたので、貧しくはなかったけれど、そんなに裕福ではないことも子ども心にわかっていました。弟もいましたから、勉強ができなかった当初から、私が私立の医学部に行くと親に経済的に迷惑がかかるから、国立を狙うしかないと思っていました。このあたりのことは、私の自伝的小説『灘校物語』*に詳しく書きました。

『灘校物語』
和田秀樹著、２０１９年、株式会社サイゾー刊。
本書著者、和田秀樹の自伝的小説。成績上位で天下の灘校に入るも、深夜ラジオ放送にドはまりして成績は急降下。ヒモで足を結ばれて3階の校舎からぶら下げられたり、ゴミ箱に閉じ込められたりなどの過激なイジメを受ける。にもかかわらず、毎年落選確実候補と罵られながら生徒会役員に立候補、未来の政治家を目指して大人顔負けの熾烈な選挙戦を繰り広げる…。天才・秀才・奇人ひしめく灘校で自分を見失いかけた主人公のヒデキが、映画への情熱と仲間を見つけ、とうとう編み出した受験のテクニックによって、東大理Ⅲ合格を掴むまでの抱腹絶倒の物語。

小説といっても、ほとんどが現実の出来事です。
　そしてなんとか、高2から進路を決めて現役で東大理Ⅲに合格することができたのです。

鳥集　灘というエリート校のなかでは遅い進路選択だったかもしれませんね。それでも理Ⅲに現役合格できたというのは、よほどの集中力があったのではないでしょうか？

和田　いえ、私は、集中力はまったくと言っていいほどありません。多動的なところがあるので。ただある時期に、数学の問題を考えるのをやめ、暗記数学で勉強したところ、数学の点数が劇的に上がったのです。高1のときの数学の先生が、「数学は暗記です」という教え方をしてくれたのがきっかけです。その先生は、予備校の講師も兼任していました。先生が出すテストは、数学演習の宿題に出されたのとまったく同じものが、数値を変えただけで出題されました。

の前にあるものをそのまま目に焼きて記憶させる力です」

それで、暗記数学を高1の終わりから始め、高2の6月に受けた高3生対象の全国模試では、数学で満点を取ることができました。そこでいきなり、東大理Ⅰで〈A判定〉が出たのです。もともと得意だった化学と英語でも9割以上取れたので、灘の高2のなかで18位と、それまでに経験したことがない順位になりました。

このときに初めて、「このままの勉強法を続ければ、高2を終えた時点で東大に合格できる。ということは、高3の終わりには理Ⅲも狙えるのではないか？」と思えるようになったのです。

鳥集　それは、和田さんが、もともと暗記力が相当よかったからではないですか。

和田　暗記力というのは二つあります。目の前にあるものをそのまま目に焼きつけて覚える力と、ストーリーとして記憶させ

「暗記力というのは二つあります。目
つけて覚える力と、ストーリーとし

る力です。

私は、人名や地名などのブッキッシュなもの（書物上の非実際的なもの）の丸暗記は苦手でした。でも、映画のストーリーのような、「筋があるものの暗記」は得意だったのです。観た映画に関しては、そのストーリーや台詞をすっと覚える力はありました。

暗記数学というのは、後者です。つまりは論理、解法パターンを暗記すればいいのです。その経験から、必ずどの科目にも受験のテクニックがあるはずだと考えるようになりました。だから後に、『数学は暗記だ！』*という本まで書いたんです。

賛否両論!? 暗記数学という戦術

鳥集　『数学は暗記だ！』を出版された当初は、多くの批判の声があったと聞いています。それほど画期的な勉強法だったということでしょうか。

＊『数学は暗記だ！』
和田秀樹著、ブックマン社刊（初版は1991年）。

数学受験に必要なのはセンスか、才能か。いや、暗記法だ。「解けるまで考える」のではなく、入試問題を解くために必要な解法パターンを一気に覚える。それが暗記数学なのだ。解法暗記から試行力養成まで、暗記数学の「正しいやり方」を全公開。苦手な数学を入試日までに頼もしい〝ポイント・ゲッター〟に育てるためのノウハウ本。

和田　暗記数学と言うと、参考書の模範解答を数値も含めて丸暗記することだと勘違いしている人もいるのですが、そんなことを私は教えていません。要は、勉強の「やり方」です。オーソドックスで良質な解法を、例題を解きながら網羅的に身につけるというものです。ただし、そのときに自力で問題を解いて身につけるのではなく、解法を理解しながら暗記していくというやり方でいいと主張したわけです。

『数学は暗記だ！』が売れ出してから、学生からは、「この本のおかげであきらめかけていた数学の成績が伸びた」「志望校に合格できた」という感謝の手紙が私のもとに殺到したのですが、教育者からは批判されました。

鳥集　なぜ批判されたのですか。

和田　数学とは一般的に、「人間の思考力・論理力を養う教科」だと思われています。私もこの考え方を否定するつもりはありません。しかし、私の提唱する暗記数学が思考力・論理力を奪う勉強法とも思っていません。解法をある程度の数覚えたら、入試問題を自力で解くチャレンジをしようと言っているので。解法も覚えないで入試問題を解こうとするのは、将棋で定《じょう》跡《せき》を覚えないで有段者にチャレンジするのと同じくらい無謀なことです。それなのに、なかにはよく調べもしないで、和田は丸暗記を推奨していると勘違いしたまま批判してきた人もいます。あとは、子どもたちの発想力を潰してしまうなどと言う人もいましたね。

　1991年の『週刊朝日』では、〈受験界で大論争！「数学は暗記か、発想か」〉という特集が組まれたほどなのです。その誌面において、数学者の*ピーター・フランクル氏や東大数学科教授の*大島利雄氏、元京大教授の*森毅氏など、名だたる数学者たちが、この本に対して批判的なコメントを寄せたのです。

しかし、この本の読者であった、京大理学部を卒業した方が、

ピーター・フランクル
ハンガリー出身の数学者にして大道芸人。1971年国際数学オリンピックで金メダルを受賞。79年にフランスに亡命、87年にフランス国籍を取得するも、88年から日本在住。

大島利雄
おおしま　としお。1973年東京大学理学系研究科修士課程修了。理学部助手、教養学部助教授、理学部助教授、理学部教授を経て、2013年まで大学院数理科学研究科教授。その後、城西大学理学部に移る。

森毅
もり　つよし。1950年東京大学理学部卒。北海道大学理学部助手を経て、71年から京都大学教授。専門の数学だけでなく、関西弁で

このような反論を寄せくれたのは嬉しかった。

「パターンを暗記しなければ東大、京大で合格ラインに達するのが難しいことは、受験当時から気づいていた」

この読者のコメントを、数学者たち、特に東大数学科の教授らは重く受け止めてほしいですね。パターンを暗記しなければまず解けない入試問題を作っているくせに、現実を見ないで「数学は発想だ」と言っていること自体が矛盾しています。だから私は、暗記数学を邪道だとは、これっぽっちも思っていません。

鳥集　確かに、数学に限らず、受験勉強の多くは、暗記を強いられます。しかし、なぜ和田さんは、精神科医が本業でありながら、大学受験の暗記数学を提唱することになったのですか？

和田　昨今は、認知心理学*の進歩によって、脳の情報処理のプロセスが解明されつつあり、「知識の暗記」の重要性が再認識

社会文化評論を打ち、「一刀斎（いっとうさい）」のニックネームで親しまれた。91年に退官、京都大学名誉教授。2010年、前年の過失による火傷が原因の敗血症で没。

認知心理学
人間の知る「機能」と「メカニズム」の解明を目指した、科学的・基礎的心理学の一分野のこと。1950年代まで主流だった、客観的な観察に基づく行動主義的心理学への反動から生まれた。コンピュータの進歩に伴う「情報」の概念の導入とともに、通信工学、言語学、神経科学などの影響を受け、心の内部のメカニズムを直接的に論じ、解明しようとするもの。

されるようになってきました。認知心理学では、人間の思考を「既存の知識を使って推論すること」と定義しています。これは、受験勉強に置き換えたなら、「解法パターンを暗記し、それらを使って問題を解く」暗記数学そのものではないでしょうか。

鳥集　一昔前までは、わからない問題を前に、長い時間をかけて考えることが大切であり、それで知力や思考力が鍛えられるとされていましたが、必ずしもそうではないということですね。

和田　脳科学においても、難しい問題を前にウンウン唸《うな》っているときには、脳がたいして活性化していないという報告もあります。「机にかじりついて考えれば考えるほど思考力がつく」というのは、スポ根的、旧時代的な発想です。

　私は、勉強は努力に比例するという考え方があまり好きではありません。よく、３０００時間を受験勉強に費やせば東大に

己評価が上がり、

のです」

合格できると言われているようですが、私はその半分くらいでいいのではないかと思っています。言い方は悪いけれど、アホみたいに時間をかけて勉強して東大に合格した人は、その後の人生でも、やり方を変えず、上から言われた通りにやるので、忖度《そんたく》官僚のようになってしまうと思っています。

私が精神科医の傍ら、受験アドバイザーとしてこの30年近く言い続けてきたのは、「受験において考える力というのは、目の前にある難しい問題を解く力ではなく、その問題が解けなくても、どうやって受かるかを考える力」だということです。

人間というのは、いい点を取ると自己評価が上がり、さらに人生の高みを目指せるものなのです。どんどんよいスパイラルが生まれる。しかし点数が上がらなければ、自己評価も低いままで、負のスパイラルに飲み込まれてしまう。すべからく考え方の問題です。人生が上手くいっている人は、上手くいく考え方が習慣になっています。逆もまた同様です。最近では、認知療法という、ものの見方を変える治療が精神科の臨床でも盛ん

「人間というのは、いい点を取ると自
さらに人生の高みを目指せるものな

に行われますが、これはまったく同じ考え方だと思っています。
　そうした理由から、精神科医になった後、私は多くの戦術的学習参考書を書いてきました。しかし、それらの本が書けたのは、私が灘校で過ごしたことも間違いなく影響しています。

鳥集　和田さんが暗記数学に目覚めた経緯を、もう少し詳しくお話ししてください。

和田　灘のような進学校で落ちこぼれると、そこから這《は》い上がるのは容易ではありません。授業の進度がかなり速く、トップとの差があまりにもつき過ぎているからです。
　私も、小学生までは常に算数の天才と言われていたのに、灘校に入った途端、数学の授業のほとんどがちんぷんかんぷんになりました。宿題をやろうにも、1題を解くのに1時間はかかりました。いくら考えても、解けないこともよくありました。
　しかし、灘の優等生はものの10分か15分で解いてしまいます。

たくさんいました。どうにかして成
を編み出していったのです」

そのときに気がついたのです。今後、彼ら優等生と同じように勉強していても、永遠に追いつくことは不可能だと。

鳥集　灘の優等生と同じ時間勉強しているだけでは、どんどん差が開いていくということですよね。

和田　私が1日に6時間勉強して、5～6題解いているうちに、優等生は30題くらい軽く解いてしまうわけですからね。毎日、差が開くばかりです。そんな状況に焦っていたのは、何も私だけではありません。灘にはいろいろな意味で賢い生徒がたくさんいました。どうにかして成績を上げようと、先生に言われるままではなく、自分たちで勉強法を編み出していったのです。そんな状況を見て、一儲《ひともう》けしようと企む生徒も出てきます。

鳥集　同級生のあいだでお金のやり取りがあったのですか。

「灘にはいろいろな意味で賢い生徒が
績を上げようと、自分たちで勉強法

和田　そうなのです。つまり、優等生のノートを拝借して編集し、紙に書き直したものをコピーして、同級生に売りつけるヤツが出てきたんです。確か、ノート一冊５００円でした。

　それが校内で飛ぶように売れて、テスト直前になると、ヤツは月に5万円は儲かっていたはずです。当時の私のお小遣いが月5千円でしたから、彼の発想には脱帽ですよ。月に5万円あったら、好きなだけ映画が観られるのになあ！　と羨ましくて仕方がなかったです。

鳥集　「模範解答屋」ですね！　それはすごいなあ。そういう発想が高校生で自発的にできるというのが、ナニワ的であり、灘校的ですよね。

和田　模範解答屋をやっていた子は、決して優等生ではありません。数学の成績も、私と同じ程度か、もっと悪かったはずです。そもそも遊ぶお小遣いほしさに、そんなクラス内ビジネス

きるというのが、

を始めたわけですから……。

しかし彼自身、このビジネスを始めた途端に、テストで今まで取ったこともないような点数を叩《たた》き出したわけですよ。つまり彼は、優等生のノートを借りて、解答集を作るために手書きでせっせと書き写しているうちに、自然に解法を覚えていたわけです。驚愕《きょうがく》しました。

そんな彼を見て、私は藁《わら》をも掴《つか》む思いで、その模範解答に飛びつきました。悔しかったけれども（笑）。つまり私が、暗記数学に開眼したのは、この模範解答屋のおかげでもあるのです。

「目の前の問題を解けるまで考える」のではなく、「模範解答を先に見て、その解法を覚える」。それが、暗記数学の具体的なやり方です。そして、もしテスト本番で自分の知らない解法が出たときは、その問題は最初からあきらめて、解法を知っている問題からとりかかります。一つ目の解法がダメでも、やり方をたくさん知っていると、別の解法が試せます。それが、私が受験生に教えている〈戦術的合格術〉なのです。

「そういう発想が高校生で自発的にでナニワ的であり、灘校的ですよね」

鳥集　しかし、それはそもそも灘高生だからできるやり方ではないですか。たとえ偏差値がそれほど高くなくとも、誰でも身につけられる〈戦術的合格術〉というのが、理論的にあり得るのでしょうか？

和田　苦手な科目があっても、なんとか合格ラインに到達しようというやり方は、偏差値に関係なくできる方法だと思いますよ。断言することはできませんが、東大に入るためには模試で１番じゃなければいけないとか、１点も落としてはいけないと思い込んでいる高校生が多いのです。しかし私は、灘高にいたおかげで、「４４０点満点で１５０点落としても理Ⅲに合格できる」と考えることが、受験当時からできていたのです。多くの受験生は、戦術を知らないだけで、頭が悪いわけではないと私は思っています。知っている人が全受験生の１割もいなければ、東大や京大、もしくはどこかの医学部にはもぐり込めるは

でも身につけられる〈戦術的合格術〉
しょうか？」

ずです。

鳥集　東大理Ⅲの入試は、暗記数学が有効だったのですね。

和田　たとえば、渡邉聡明《わたなべとしあき》という、日本外科学会の第3代理事長も務めた、大腸がん・直腸がんのエキスパートだった人がいます。平成29年に亡くなってしまいましたが。

　彼は東大の理Ⅰに2年間ほどいて、それから理Ⅲを受け直しているのです。そのときに、東大入試の数学が、実は解きやすい問題だとわかったといいます。つまり、線形代数などと違って、入試問題なら暗記数学でクリアできると彼も体得したのでしょう。数学で１２０点満点中１００点を取れたなら、理Ⅲに合格できると確信して、チャレンジしたのだそうです。

　私の場合は灘高にいたので、〈戦術的合格術〉を体得できたと考えていますが、独自でそういう戦術に気づいて理Ⅲに入ってくるような猛者《もさ》もたまにいます。誰かからノウハウを教わる

「偏差値がそれほど高くなくとも、誰
というのが、理論的にあり得るので

のではなく、勉強しているうちに気がついてしまう人です。そういう人は、本当の意味で頭がいい人だと思いますね。

鳥集　戦術を教わるのではなく、自分で戦術を編み出して実行できる子ですね。今現在、和田さんが経営されている*緑鐵《りょくてつ》受験指導ゼミナールで教えている生徒たちにも、戦術を自分で編み出して勉強している生徒はいますか？　昔と比べネットの発展などで、勉強の仕方も大きく変わってきたと思うのですが。

和田　自分で戦術を見つけ出す子は、今の時代はあまり見当たりません。一人だけ例外がいて、予備校もない富山の学校から、東大理Ⅲにトップ合格しました。ただ、一般論から言うと、そもそもある時期から東大理Ⅲに入る子たちが変質したと思います。それに今、私のように〈戦術的〉に受験勉強を教えている塾はとても少ないですから。たいていの塾は山ほど宿題を出して、学生は先生の言うことだけを聞いて、死ぬほど勉強して、

緑鐵受験指導ゼミナール
有意義な受験勉強により、大学合格だけでなく、将来の思考力、現実検討能力、自己理解能力、計画作成力、学習持続能力など大人になってからの「頭のよさ」が身につくカリキュラムとノウハウの提供を行う通信教育。①過去問研究に基づく志望校への最短ルート提示　②頻繁なチェックテストによる状況に即応できる指導と課題の提示　③最難関受験を制した東大生による受験ノウハウの伝授、が特徴。

合格を掴み取る。理Ⅲに毎年30人くらい合格させていると誇る鉄緑会*もそのパターンです。

昨今、どの教科においても、「考えさせる問題」が以前よりは増えたとはいいますが、昔よりも、戦術を知らない子どもが増えているのは事実です。基礎学力を身につけた上で、自ら戦術を編み出して勉強することを「非合理」と考える子どもが多くなっているのかもしれません。もしくは、大人がそういう考えを植えつけているのか……。

それは私から言わせれば、頭のいいやり方ではありません。先生の言うことなんか適当に聞いておいて、授業も適当にサボって、勝手に勉強して……そんなふうに先生も知らない戦術に気がついて、東大に入ってくるような天才は、ほぼいなくなったのではないでしょうか。

鳥集　今の子どもたちは、自ら戦術を考えるのは、非合理的であると考えている……。

鉄緑会
1983年に創立された、中高6年一貫校の生徒を対象とした東京大学受験指導専門塾。鉄緑会の「鉄」は東大医学部の同窓会組織「鉄門倶楽部」の鉄、「緑」は東大法学部の同窓会組織「緑会」の緑から命名。講師陣も東大卒の専任講師を中心に、ほぼすべて東大生・東大卒業生のなかから厳選されている。和田秀樹はここの創設メンバーだったが、方針の違いから出ていくことになる。

和田　実際は、そんなことはないわけです。しかし、ネット社会の影響なのか、他人の考えに乗っかって答えを見つけるのが合理的で賢いやり方だと考える日本人が増えているようです。

先ほども言いましたが、受験勉強における「考える力」というのは、「この問題が解けなくても、どうやったら合格点を取れるのか」を、考える力なのです。これは、人生のあらゆる場面で有効になりますよ。

たとえば、今やっている嫌な仕事とどう折り合いをつけて向き合うかよりも、その嫌な仕事をしないでも生きていける方法を考える。たとえば、結婚相手や恋人がＤＶや不倫をする人、経済的にだらしない人だった場合、もう愛せないと思うのであれば、その相手の行為に一喜一憂するよりも、その嫌な相手と別れて生きる方法を考える。つまり、人生の大切な場面にこそ、近視眼的にならないということです。

精神科医になってわかったのですが、このような考え方がで

るのは、非合理的であると考えてい

きている人はうつ病にはなりません。たとえなったとしても、重症化しないのです。

鳥集　つまり、思い詰めない生き方ができる人、ということですか。

和田　一言で言えば、そういうことです。物事を白か黒かで考えない。ダメなときに他のやり方を探そうとか、これがダメでも、ゴールまでの別の道を模索しようとか。そう思える人のほうが、受験も、うつ病の認知療法も上手くいきます。

鳥集　しかし今は、「合理的」という名のもとに、実は詰め込み型の勉強法をさせる進学塾が多い。それは、子どもたちの発想力までも奪ってしまうかもしれないですね。

和田　そうです。教師の言いなりになって詰め込み型の勉強し

「今の子どもたちは、自ら戦術を考える……」

かしてこなかった子どもは、偏差値は高くとも、上から言われたことはできるけど自分では何も思いつかない大人になってしまう可能性が高いのです。会社が「右だ」と言えば右に動くことに、何の疑問も抱かない。

　だけど今は、正規社員で就職しても一生を保障してくれる企業なんてないわけですよ。どんなに従順に働いていようが、不要になったら平気で切り捨てられるのが今の日本社会です。今回のコロナ禍で、身をもってそう感じた人も多いのではないでしょうか。

　コロナ禍でなくとも、この人生１００年時代に多くの大手企業では50代で第一線から捨てられてしまう。そこでようやく家庭を振り返れば、とっくにバラバラになっている。離婚を切り出されることもあるでしょう。会社にすべてを捧《ささ》げていた人ほど、その後、どう生きればいいのかは誰からも教えてもらっていません。

　仕事人間はリタイアすると、やることがなくなって、早く老

うちから人生に躓《つまず》いたときの対応力

す」

いてしまい、認知症のリスクだって高くなります。だからこれからの時代は尚《なお》の事、子どものうちから人生に躓《つまず》いたときの対応力をつけるような勉強法が必要なのです。

鳥集　うちの小学生の次男は、今、進学塾に通っています。算数のテストではたまにいい点を取るのですが、国語とか社会などはあまり点が取れずに困っています。勉強の様子を見ていると、苦手科目に関しては、そもそも興味を持てないようです。できる子に比べてまだ未熟で、「どうすれば点数が取れるのか」という考えにさえ至っていない感じです。

和田　でも、鳥集さんのお子さんは算数が得意なわけですよね。それでいいのではないでしょうか。親も教師も、受験を意識し過ぎて子どもの苦手科目の克服に力を注ぎがちですが、私はそういう教育方法は間違っていると思うようになりました。

仮に、現状で鳥集さんのお子さんが、中学受験を失敗したと

「これからの時代は尚の事、子どもの
をつけるような勉強法が必要なので

ころで、「俺は数学だけは負けないぞ」という自信を我が子に持たせたほうが、大学受験のときには圧倒的に有利になりますよ。得意科目を伸ばさないで、中途半端に他の嫌な科目をやらされたことにより、行きたかった学校にも行けず中途半端な結果で終わったときが、本当の意味での受験の失敗です。

日本一賢い子を、日本一馬鹿な大人にしてしまう機関

鳥集　和田さんご自身は、超努力家ではなかったけれど、効率のいい勉強の仕方を編み出して、苦手な科目は放っておいた。それで東大理Ⅲを目指した時期がライバルより遅かったのにもかかわらず、現役で合格された、というわけですね。

和田　スポーツだってそうでしょう。たとえばバレーボールで、スパイクよりもサーブが得意ならば、無理にスパイクの練習に時間を費やすよりも、サーブに磨きをかけたほうがチームから

いる子どもが、本当に賢い子」

評価され、より勝率を高められるはずです。野球だって、ピッチャーの素質のある子がバッティング練習ばかりしたって仕方ないわけです。それが戦術ということですよ。

鳥集　自分の能力を伸ばすやり方を知っている子どもが、本当に賢い子だということですね。そのやり方に気づくことが、センスがいいと。

和田　そう思います。そして私は、東大理Ⅲに現役合格して医学部に入りました。しかし、医学生になってからも将来の夢は変わらずに映画監督でした。

　ほうぼうで映画監督になりたいと公言していたので、医学部に上がった大学3年のときでしたか、クラスコンパに試験対策プリントをもらうために出席すると、「お前のようないい加減な人間が東大医学部に来たせいで、人の命を本気で助けようと思っている人間が一人、理Ⅲに入れなかったんだぞ！　それに

「自分の能力を伸ばすやり方を知って

ついて、和田、お前はどう思うんだ?」と窘《たしな》められました。

鳥集　いい話ですね。そのとき和田青年は何と返したのですか?

和田　そこはもう、「申し訳ありませんでした。今から心を入れ替えていい医者を目指します」と返すしかありませんでした。でも、本心ではまるっきりそんな気はなかったのです。東京に来ても、相変わらず私は映画ばかりを観て過ごし、イベントサークルを作ったり、映画の資金稼ぎのためにバイトばかりしたりしていました。映画の現場の使い走りのために、2週間まとめて休んだことも何回かあります。今思えば、本当にダメな医学生でした。しかし、そんなふうに私を説教していた同級生たちだって、結局ほとんどのヤツらが臨床医にはならなかったのです。

が人を変えてしまうのか……」

鳥集　つまり和田さんが合格した当時、東大理Ⅲに入った人の多くは、臨床医にはなりたくなかったということでしょうか？

和田　少なくとも私の時代、入学当初は、多くの理Ⅲの学生が将来は真面目《まじめ》に臨床をやることを夢見ていたと思います。私に説教をしたように、志は高かったはずです。なのになぜ、「東大医学部卒」という肩書が人を変えてしまうのか……。たとえば、卒業して10年も経たないうちに同窓会などで会うと、「和田君。君はまだ臨床をやっているのか？」と、明らかに臨床医の私を小馬鹿にするような物言いをする同窓生もいました。

　さらに高校の同窓会のパーティーなどに出て驚くのは、民間企業に就職した人は人あたりもよく、私にもビールを注いでくれるのに、官僚になったヤツらは若い頃から絶対に自分でビール瓶を持とうとしないことです。グラスが空くと、民間企業に入った同級生がいそいそとビールを注ぎに来てくれるのを悠然と待っているのです。後輩ならともかく、同級生ですよ？　そ

「なぜ、『東大医学部卒』という肩書

の態度には唖然《あぜん》とします。わざとではないのでしょうが、普段のパーティーや接待でお酒を注がれたことしかないので、人へのお酌の仕方を知らないのかもしれません。

大学医学部教授で、ワイン通と称する連中の場合はもっと酷《ひど》い。ワインに限っては、女性がお酌すること自体がマナー違反なのですが、そんなことも知らないで、自分の医局から医師を派遣している病院の院長秘書の女性に同伴ホステスのようにお酌させて、グラスの脚ではなく上の方を持ちながら高級ワインの的外れな蘊蓄《うんちく》をドヤ顔で語っている。その上、医師の肩書を持ちながら、急性アルコール中毒になるまで女性に飲ませ続けて、救急車を呼ぶことになる。すると、本来は部外者が入ってはいけない救急センターに土足で入り込み、「女性が苦しんでいるのに、なぜ下着を外さないんだ」と叫んで、その女性の裸を見てにんまりしている。それが私の知るある九州の医学部教授の実情です。真のワイン愛好家の私としては、呆れてものも言えません。人間として恥ずかしいというか、犯罪なのに医学部教授なら何をやっても許される。派遣先の病院からお礼をもらうと捕まるようになったので、その病院の女子職員が人身御供《ひとみごくう》にされるのです。海外ならば、医者とはいえども無教養な男と思われて相手にされないでしょうね。それどころか犯罪者として捕まるでしょう。そういう奴らが必死に蘊蓄を披露するためだけに、『教養としてのワイン』*みたいな本を一生懸命読んでいるのだから滑稽ですよ。

少し話が逸れましたが、東大医学部に入ったのに研究をせず臨床をしている奴は、出世もできない馬鹿――そんな傲慢《ごうまん》なエリート価値観を植えつけられるのが、東大医学部でもあるのです。そして、業績を上げるためよりも、威張るために教授になりたがる。もっと端的に言えば、「日本で一番賢い子を、日本で一番馬鹿な大人にしてしまう教育機関」が、東大医学部だと私は思っています。

鳥集　東京大学の合格者は、全学部で年間３０００人います。

＊**『世界のビジネスエリートが身につける　教養としてのワイン』**
渡辺順子著、２０１８年、ダイヤモンド社刊。
ワインにまつわる歴史や豆知識、話題のトピック、ワイン投資の情報まで、ビジネスにおける教養として身につけておきたい知識を網羅。知っておきたいぶどうの品種、ワイングラスの形の秘密、ワインのビジネスマナーなど、最低限おさえておくべき知識も解説している。

そのうち、理Ⅲの合格者は100人ほどです。2020年度の理学部の合格最低点（センター試験＋二次試験 550点満点）を見てみましょう。

●理科Ⅰ類（工学部・理学部コース） 321点
●理科Ⅱ類（農学部・薬学部コース） 313点
●理科Ⅲ類（医学部コース） 386点

東大のなかにおいても、理Ⅲがいかに「特別」であるかがわかります。

次に、全国に82校ある医学部のうち、偏差値1位である東京大学のなかの最難関、理Ⅲの狭き門をくぐった100人ほどの学生たちはどこの高校出身なのか。2020年度の理Ⅲの出身合格者別のデータを見てみましょう。

●1位 灘高等学校（兵庫県神戸市） 14名（11人）

●２位　開成高等学校（東京都荒川区）　12名（９人）
●３位　筑波大学附属駒場高等学校（東京都世田谷区）　７名（４人）
●４位　桜蔭高等学校（東京都文京区）　７名（４人）
●５位　聖光学院高等学校（神奈川県横浜市）　３名（３人）
●５位　海城高等学校（東京都新宿区）　３名（２人）
●５位　麻布高等学校（東京都港区）　３名（１人）
●５位　洛南高等学校（京都府京都市）　３名（３人）
●５位　西大和学園高等学校（奈良県北葛城郡）３名（３人、うち１名は推薦）

＊（　）内は現役合格者数
＊２０２０年度の推薦合格者は１００名中３名

昨今は、灘・開成・筑波大附属駒場・桜蔭のエリート高校の上位４校で、およそ合格者の４割を占める傾向にあります。

私は、２０１８年に『医学部』＊という本を書きました。実は

『医学部』

鳥集徹著、２０１８年、文藝春秋刊。

大学受験の最難関と化して長い各大学の医学部。受験の勝ち組を狙うエリートたちがしのぎを削り、高偏差値だからという理由で医学部を目指す。その陰で「医師に向かない学生」が増加し、モラルとしてモチベーションの低下が進む。そして「医師余り時代」が到来する。そんな医学部権威崩壊の内実を赤裸々に描く。

東大理Ⅲに限らずどの大学の医学部も、昔に比べてこれらのエリート高校の出身者が多くを占めるようになっています。なぜ医学部を目指す生徒が増えたのかという質問をエリート高校出身の若手医師たちに聞いたところ、「学校のなかで成績がいい奴は、たいてい医学部を狙うという空気があったから」と答える人が多くて驚きました。

なかには「受験に勝ってきた人たちだから、医学部に合格しさえすれば、それでいいんですよ。だから医学部に入った途端、勉強しなくなるんです」という若手医師もいて、唖然としました。

和田　確かにそういう子は昔から一定数いましたけどね。今はさらに、明確な目標を持たずに理Ⅲに入る子が増えているでしょうね。

鳥集　ある私立大学の医学部長が、進学校の校長から聞いた話

を狙う』という空気がある」

として打ち明けてくれたこともあります。その校長によれば、学校側が生徒たちに医学部受験を勧めているわけではなく、保護者が「医学部は食いっぱぐれがないから」と子どもたちに勧めているというのです。一昔前までは、この私立高校の成績上位者は医学部よりも東大に入ることを目標としていましたが、今では、成績上位者のほとんどが医学部を狙うのだそうです。

一方、我が子を、名門高校に行かせた私立大学医学部外科系の教授からは、こんな話を聞きました。「息子に話を聞くと、先生たちが医学部に行くように勧めているわけではないそうですが、生徒の間ではなんとなく、『成績のいい奴は医学部を狙う』という空気があるのだ」と。

和田　灘、開成、桜蔭、筑駒というのはなぜか、負けず嫌いの子が多い学校なのです。だから人に勝ちたいという競争意識がそもそも強いのでしょうね。こういう学校は、難しい大学の対策には強いですが、易しい問題への対策はろくにやっていな

「なんとなく『成績のいい奴は医学部

いのです。ケアレスミスの許されない易しい問題を出す大学を受けるほうが、不利になる場合があります。

私が東大理Ⅲに入学したのは、１９７９年。この年は、共通一次試験＊がスタートした年でもあるのですが、その年は、私も含めて灘高から19人が理Ⅲに現役で受かりました。当時は理Ⅲの合格者は90人でしたが、その内、19人が灘高生だったわけです。

しかし当時の私は、突然の共通一次の決定に面食らいました。いえ、私だけではありませんでした。当時、灘高の秀才たちは、「あんな易しい問題をマークシートで出して、ミスの少ないヤツを集めて、東大をつまらない人間の集まりにする気か？」「田舎もんを助けるために、なんで僕たちが犠牲にならんとあかんのや」などと、まだ東大生になっているわけでもないのに、口々に共通一次試験を批判し合っていたのを覚えています。

一方、マスコミはこの共通一次の導入に好意的でしたね。その前の経緯から述べると、私が小学生になって間もない１９６

共通一次試験
1979年にスタートし、89年まで実施された共通第一次学力試験のこと。国公立大学の入学志願者に対し、各大学が実施する試験に先立ち、全国同一期日に同一問題で行われた。高等学校の段階における一般的かつ基礎的な学習の達成程度を問う良質な問題を確保しつつ、各大学がそれぞれの大学、学部等の特性に応じて行う第二次試験との適切な組み合わせによって、受験生の能力・適性を多面的・総合的に評価しようとするもの。併せて、共通第一次学力試験の試験問題の作成、答案の採点などを一括して処理することなどを目的とした国の機関として、大学入試センターが設置された。89年には約40万人が受験した。

7年に学校群制度*が採用されました。1960年代、日比谷高校などの都立の名門校が凋落《ちょうらく》した頃から、特定の名門校のエリートしか東大に入れないなど、高校の学力差が拡がり、激化する受験戦争に新聞各紙が批判の声を上げ始めたからです。しかし、そんな批判記事ばかり書いている朝日や読売の新聞記者は、我が子を必ずや名門校に入れようとしていたはずですがね。

そして、1968年に灘高が東大合格者数のトップに躍り出ました。卒業生が2倍以上いる日比谷高校を抜いたのです。しかしこれは、学校群制度の影響ではありません。結果が出るのがあまりにも早過ぎます。すでに当時、日比谷高校は落ち目でした。学校群制度になってからの第1回の卒業生が出たのは、その2年後の1970年の話です。あともう1年早く灘高が東大合格者数1位になっていたら、学校群制度の導入は見送られていたかもしれませんね。

学校群制度
激化する受験戦争を背景に、特定の大学への志望者の集中や、学校格差を緩和するために導入された高校入試改善制度。2～3校が1つの群を構成し、群ごとに合格者が選抜された。1967年度に東京都で導入されたのをはじめ、三重、岐阜、愛知、千葉の各県でも実施されたが、群間格差が依然として存在し、生徒の希望が考慮されにくく、入学辞退者の増加や公立高校の地位の低下を招くという問題があった。

鳥集　それから現在に至るまで、灘がダントツで合格者を出し続けています。東大医学部や京大医学部では、今や、「石を投げれば灘に当たる」と言われるほどです。最初にトップに躍り出てから半世紀も経っているのに、1位をキープしているのです。その他、開成とか、筑駒とか桜蔭とか、変わらずに強いわけですが。

和田　東大の全学部の合格者で見ると、地方の公立校から入っている子も少なからずいるのですが、理Ⅲに限っては合格できる学校が限られてしまっています。中高一貫教育の名門校といわれている学校から受験しなければ、理Ⅲを目指すのはなかなか難しいかもしれません。

鳥集　たとえば、名古屋大学だったら、地元の東海高校の子が多い。九州大学だったら久留米附設の子ですよね。だけど東大に限って言えば、そういう地元枠の高校がないのです。それが東京らしさかもしれませんが。しかし灘高生だったら、先輩が毎年東大に受かっている歴史があるから、自分もチャレンジできるはずだという、有利な空気感というか、敷居が高く感じられないというメリットはあるでしょうね。

和田　そうでしょうね。地方の子にとっては親が医師でもない限り、どんなに地元のいい高校でいい成績を取っていても、東大理Ⅲというのは途方もなく高い垣根に見えているでしょう。だけど、毎年大量の合格者を出している灘高生から見れば、「そこそこアホな先輩でも受かっているから、大丈夫なんちゃう？」と、垣根が低く感じられるところはありますね。まさに私がそうだったように。

灘高は1学年220人くらいですが、そのうち1割弱が東大理Ⅲに入っていることになるし、東大と京大の合格者を全学部合わせると、毎年100人以上の合格者を必ず出しています。つまり灘高で真ん中よりも下の成績の子でも、東大生か京大生

灘高校　東京大学・京都大学 進学実績

	東大	京大
2020年	79人	49人
2019年	74人	48人
2018年	91人	42人

出典：灘高校の進学実績（2020年）主要大学合格者数
https://trendk.link/10211.html/

になれるわけです。

灘→東大のエリートは、天才と変人の紙一重？

鳥集　では、実際に東大に入ってからはどうなのでしょう？　灘出身の子は、東大に入っても灘同士でつるむものですか？

和田　理Ⅲに限って言えばそうでもなかったのですが、私の現役当時は灘高やラ・サール高出身の生徒は東大での留年率が高かったはずです。東京に馴染《なじ》めず、同じ高校出身同士でつるんでしまうからかもしれません。それを見て、「灘やラ・サールの子は受験で燃え尽きてダメになってしまうのか」と考える人も多いようです。

　しかし、それはちょっと違うと思いますね。そうではなくて、相対的に「垣根が高い」と感じて合格を勝ち取った子のほうが、大学生になってもしっかり授業を受けるからではないでしょう

たくさんいる一方で、
合格できるところです」

か。

　たとえ東大理Ⅲに受かっても、灘出身の場合、多くの子が「自分は天才で特別な子どもだ」とは思っていなかったような気がします。なぜなら、先ほど申し上げたように灘高は半分より下の成績でも東大生か京大生になれるわけですから。そして、そういう仲間がたくさんいるので、大学に入ったら、東大で新しい友達を作り、東大生として講義を受けるより、「灘校卒」でつるんで雀荘《ジャンそう》通いをしたりするんです。

　私自身、自分が天才だという自意識は、灘中に入って1年で見事に打ち砕かれました。小学校のときは、自分は頭がいい、神童だと思っていましたが、灘中に入ったら、神童なんて山ほどいるわけです。灘校のいいところは、本物の天才もたくさんいる一方で、どう見てもアホな奴さえも、東大に合格できるところです。

鳥集　逆に、灘校に入ってがっかりしたことは何かあります

「灘校のいいところは、本物の天才もどう見てもアホな奴さえも、東大に

か？

和田　そうですね。二つありました。私は、小学校のときは転校生で、6つの学校を転々としたのですが、どこに行ってもイジメられっ子でした。スポーツも団体行動も得意ではなかったし、友達を作るのが苦手でした。でも、灘に入ればきっと変人が多いから、私もクラスで浮かないだろうと思っていました。しかし、いざ中学受験をして、灘中に入ってみると、わりと普通の子どもらというか、変人はほとんどいなかった。スポーツが得意な子も多かったのも予想外でした。

子ども時代、頭のいいヤツというのは、えてして体育が苦手と考えていたのですが、そんなことはなかったのです。たとえば、灘から東大法学部に入って警視総監になった吉田尚正*氏は、とにかく勉強が得意で柔道が得意な文武両道の男でした。高校のときには『クイズグランプリ』*に出たことで話題になりました。

吉田尚正
よしだ なおまさ。灘高卒、1983年東京大学法学部卒。83年警察庁入庁、2006年から宮崎県警本部長、15年より福岡県警本部長。指定暴力団工藤会の壊滅作戦を指揮し、16年警察庁刑事局長、17年に第94代警視総監に就任、18年退官。灘高時代にテレビ番組『クイズグランプリ』に出場したが、賞品のハワイ旅行は逃した。

『クイズグランプリ』
1970年から80年にかけてフジテレビ系列で放送されていたクイズ番組。司会は小泉博。「文学歴史」「芸能音楽」「スポーツ」「科学」「社会」「ノンセクション」の6ジャンルについて、10点刻みに10～50点の問題が30問出される。前問の正解者がジャンルと

私と同じくらい変人だったのは、ほんの数人でした。中田考*氏とか、勝谷誠彦*氏とかね。中田氏こそ孤高の天才で、ニーチェとかショーペンハウエルとかを高校生で読み込んでいて、言うことがぜんぶ哲学的でした。まあ、勝谷とは全然ウマが合わなかったし、アイツは開業医のボンボンでいつも仲間を引き連れているガキ大将気質の根っからのイジメっ子だったけれど……。

鳥集　確かに、灘やラ・サールのような名門よりも、地方の公立高校からポッと合格した一匹狼的な東大生のほうが、自力で人生を切り拓ける力を身につけている気がします。鉄緑会のような有名塾に行って、そういう詰め込み式で死ぬほど勉強して入ってくる受験生を集めるよりも、なんか地方からポッと出てきてしまったような、自分で解法を持って、自分の勉強法を習得した子に東大医学部に入ってほしいと和田さんもお考えではないですか？

得点を指定する。解答は早押しで、正解すればその問題の得点を獲得できるが、不正解の場合はその問題の得点分減点されるというシステム。

中田考
なかた こう。灘中・灘高卒。早稲田大学政治経済学部に入学するも、翌年東京大学文科三類に入学、１９８４年文学部イスラム学科卒。哲学博士。ムスリム名は「ハサン中田」。２０１５年、イスラム国による邦人人質事件に際し、イスラム国と独自のパイプを持つ中田氏は直接交渉にあたることができると明言し注目を集めたが、交渉は実現しなかった。

勝谷雅彦
かつや まさひこ。灘中・灘高卒、

和田　そうです。そういう人を選んだほうが、医者になったときに応用が利くわけです。もちろん地方出身でも、先生の言いなりで一生懸命勉強して理Ⅲに入る奴はつまらないでしょう。まあこれは医学部に限ったことではないでしょうが、上から言われたことだけを一生懸命やって大人になった人は、先ほども申し上げた通り、応用が利かない。だから、せめて大学では応用を利かせるような授業をやればいいのに、今、そういうことができる先生が東大医学部にはほとんどいない、というか私の知る限りいなくなってしまいましたよね。そういう人のほうが、教授にとっては何でも言いなりになってくれるので都合がいいわけですが。

鳥集　そこに、東大が医学部生をスポイルしてしまっている何かがある、とお考えですね？　今の受験状況を見ていると、エリート大学に入るには、まずは中高一貫校に合格しなくてはい

早稲田大学第一文学部卒。コラムニスト。文藝春秋にて国際報道記者、その後フリーランスのコラムニストとして活躍したが、重症アルコール性肝不全で2018年11月、死去。

けない。そして、通常は6年間で学ぶカリキュラムを5年で終えて、高3の1年間は受験勉強だけに集中する。また、開成や筑駒に合格すれば、鉄緑会に通えるチケットも手に入る。そういう決められたレールが敷かれているわけです。

東大理Ⅲは、理Ⅰ、理Ⅱよりも比較的、現役合格率が毎年高いのも特徴です。2020年度の理Ⅲの志願者のうち現役生は4割なのですが、合格者はほぼ7割が現役生です。浪人すると、理Ⅲはさらに狭き門となります。

和田　受験科目も少なく、大学ごとに入試傾向もはっきりしている医学部に何度も浪人するのは、受験生本人の学力とか知的レベルの問題というより、教える側が個人個人の能力特性や志望校に合わせた対策をやらない、あるいはきちんとした受験テクニックの指導をしないせいだとも考えられますね。

ただ、違う見方をすれば、勉強法が稚拙なために何回も浪人して医学部を受験している子は、それだけ、「医師になりた

理Ⅰ・理Ⅱ・理Ⅲ　現役占有率の推移実績

東京大学現役生占有率の推移

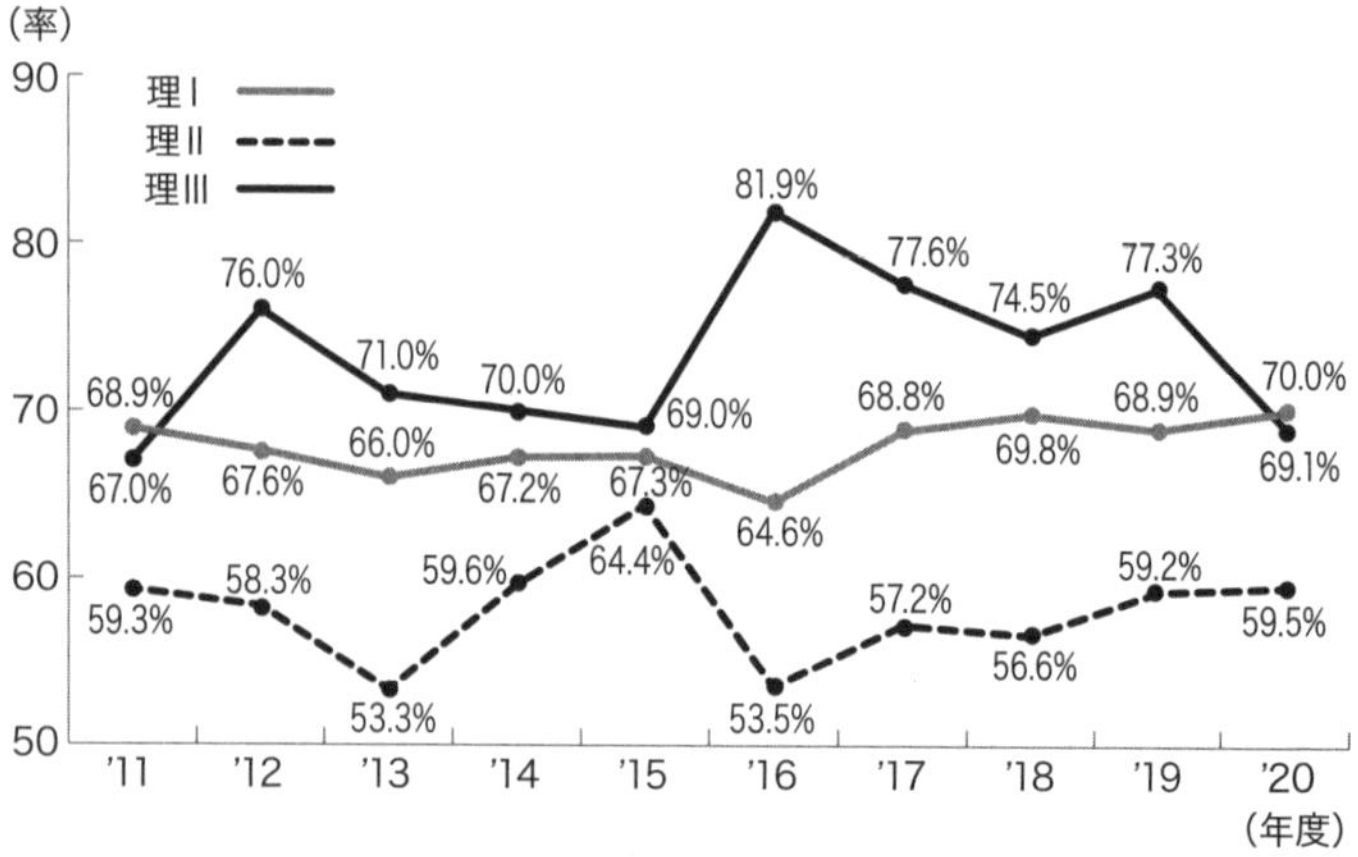

出典：東大塾　東京大学入試情報 2021 東京大学現役生占有率の推移
https://todai.kawai-juku.ac.jp/exam/occupancy/

ある』にＹＥＳと答えている

わかっています」

です。

い」という意欲が高い、今どき珍しい子だとも考えられるわけ

鳥集　頭がいいから、という理由だけで漠然と医学部を目指し

ているわけではないということですね。

和田　もちろん、開業医の子どもなど、親の「何回落ちてもい

いから、絶対に理Ⅲに入れ！」というプレッシャーのために多浪している人も、なかにはいるでしょうがね。それにつけても、上から言われた通りの勉強をし、塾のやり方についていける子が東大理Ⅲに入る。それができない子は、東大の別の学部に入り、それもできない子は鉄緑会にお金を納め続けて、大切な時期に自己評価を下げている。これは大きな問題ですよ。

世界的に見て、今、日本の子どもは圧倒的に自己評価が低いことが知られています。文科省もよく引用しているデータですが、「自分はダメな人間だと思うことがある」にＹＥＳと答え

「『自分はダメな人間だと思うことが

日本の高校生が、72％もいることが

ている日本の高校生が72%もいることがわかっています。中国で56%、若者の自殺が社会問題になっている韓国ですら35%ですよ。

鳥集　そして、「名門の中高一貫校から鉄緑会に行って、東大に入る」というエリートコース以外の選択肢が、昔よりもさらに狭くなっている。

和田　確実に少なくなっています。灘高生も、関西の鉄緑会に大勢入っているのが現状です。

鳥集　そんな現状を嘆く和田さんも、まさにエリートコースだったわけです。その灘の同質性についてうかがいたいのですが、灘中あるいは灘高から東大理Ⅲまでずっと同じ学舎に通った仲間、竹馬の友とは言わずとも、同じ価値観で育てられたエリート集団は、大学を卒業してからも、ずっとそういうつながりが維持されていくのではないですか？

和田　本来なら、維持されていくものでしょう。10年以上も同じ学舎で同じものを見て、同じ授業を受けるわけですからね。でも灘の場合、大人になってもその同質性を保とうとするのは、どちらかといえば文系のほうだと思います。

今思えば、高校の同窓会を頻繁に企画するのも、勝谷誠彦氏とか、オウム事件の弁護士をして有名になった伊藤芳朗氏*などでした。伊藤氏は、最初は堅物の左翼系弁護士だったんだけど、オウム事件で有名になって以降はミーハーな感じになって、今は美容外科業界の顧問弁護士をやっているはずです。その二人が同窓会を頻繁に企画していたけど、理系のOBというのは、比較的、灘同士でつるんだりはしていませんね。

そうそう、灘高時代、僕の学年で、ダントツでトップの男子学生がいました。彼は天文学者になりたいという夢を持っていました。天文学者になるには、東大で言えば、理Ⅰを目指せば

伊藤芳朗
いとう よしろう。灘高卒、1985年東京大学法学部卒。弁護士。綾瀬女子高生コンクリート事件などの少年事件、坂本堤弁護士一家殺害事件などオウム関連事件を手がける。著書に『「少年Ａ」の告白』（小学館）、『ボクが弁護士になった理由』（教育資料出版会）など。

東大出身の優秀な天文学者
東京大学理学部、または理学部大学院を卒業した天文学者は、安藤裕康（あんどう ひろやす）、岡村定矩（おかむら さだのり）、戸谷友則（とたに とものり）、嶋作一大（しまさく かずひろ）、大内正己（おおうち まさみ）、阪本成一（さかもと せいいち）、海老沢研（えびさわ けん）ら。

いいのです。東大出身の優秀な天文学者はたくさんいます。

しかし、彼は東大理Ⅰを受けると言ったら、灘高の進路指導の先生に、「もったいないからとにかく理Ⅲに行けと。理Ⅲから理学部に入ることもできるんだから」と、うるさく言われたようです。彼がその説得に屈することなく、というか嫌になったのでしょう。急に文転して、東大法学部を目指すと言い出したのです。理Ⅰよりも、文Ⅰのほうが合格最低点も低いですしね。

それで彼は余裕ができたのか、高校3年生のときには、受験勉強をろくにせずにラテン語と天文学を独学で勉強していましたよ。確か、そんな理由で文転するなんて可哀想《かわいそう》だと思ったこともありました。でも、結果的に、私の同期で在学中に司法試験に合格したのは、彼だけだったのです。彼の名は西川知一郎といって、裁判官として今も活躍しています。ときどきおかしな判決だと言われて、『週刊文春』に叩かれてましたけどね。

文転
理系から文系へ転向すること。高校では理系のクラスにいる人が文系学科を受験するという意味でも使う。

西川知一郎
にしかわ ともいちろう。灘高卒、東京大学法学部卒。裁判官。2016年に、九州電力川内原発1、2号機をめぐり、周辺住民らが運転差し止めを求めた裁判で、福岡高裁宮崎支部裁判長だった西川氏は、原子力規制委員会が策定した原発の新規制基準について「最新の科学的技術的知見を踏まえたもので、何ら不合理な点はない」として住民側の抗告を棄却したことで知られる。

鳥集　灘高ほどレベルの高い学校でも、「君は成績がいいから理Ⅰじゃなくて理Ⅲを受けなさい」と指導されることがあるのですか？　その子が明確な将来の夢を持っていたとしても？　なんだか本末転倒な感じもしますね。

本当の天才は、東大医学部にはもういない？

和田　今、東大理Ⅲを目指している受験生には、「とりあえず理Ⅲを受験してみよう。それでものすごく自信がつくし、いい経験になる。別に医者を目指さなくてもいい」と考える人も多いかもしれません。でも、少なくとも、私のいた頃の東大医学部は、行く価値があったのです。というのも、僕はあまり授業に出ませんでしたが……当時は、養老孟司*先生（解剖学）とか矢崎義雄*先生（第三内科）とか、黒川清*先生（第一内科）など、組織に組み込まれず独自のダイナミックな思想を持った偉大な先生方がいて、実に刺激を受けたのです。

養老孟司
ようろう　たけし。１９６２年東京大学医学部卒。医学博士、解剖学者。東京大学名誉教授。67～81年まで東京大学医学部教授。「バカの壁」「死の壁」「超バカの壁」「養老訓」（すべて新潮社）など著書多数。

矢崎義雄
やざき　よしお。１９６３年東京大学医学部卒。冠動脈と心筋代謝のエキスパート。91年より東京大学医学部教授。その後、医学部長、国立国際医療センター病院長、同総長を経て、国際医療福祉大学総長、日本心臓血圧研究振興会理事長などを歴任。学校法人東京医科大学理事長。２０００年に紫綬褒章、14年に瑞宝大綬章を受章。

養老先生は、当時から昆虫ばかり集めていて、よく昆虫の話をしてくれましたね。そして、「医学生だからといってチマチマと解剖用語なんかを覚えるのは無意味だ」というようなことを仰《おっしゃ》っていました。実際、試験問題を事前に教えてくれましたから、そこだけ覚えていけばいいんです。そういう人が教授にいたから、私は進学できたようなものです。

そうした個性的な教授に出会えただけでも、東大医学部に入った意味は大きかった。でも、今は、そういう個性的な真の天才型の教授というのは、東大医学部では生き残れないようにも感じます。

鳥集　当時、周囲の同級生を見て、やっぱりすごいな、東大理Ⅲは違うな、という印象は受けましたか？　和田さん以外は皆さん、真面目に授業を受けていたのでしょうか？

和田　私の学年には、自分を含め10人くらい真面目に授業を受

黒川清
くろかわ きよし。1962年東京大学医学部卒。医学博士。東京大学名誉教授。組織を離れ個人でアメリカに渡り、診察、研究、教育に関わる。ペンシルベニア大学、南カリフォルニア大学などを経て、79年カリフォルニア大学ロサンゼルス校医学部教授に就任。83年より東京大学医学部助教授、89年より東京大学医学部教授。96年東海大学医学部教授、東海大学医学部学部長に就任、2002年より東海大学総合医学研究所所長を務めた後、06年政策研究大学院大学教授に就任、09年より政策研究大学院大学アカデミックフェロー、14年より政策研究大学院大学客員教授。

けていない学生がいたはずです。先の渡邉聡明氏なんかも、あまり授業には出ていませんでした。彼は、僕より確か２歳年上だったのですが、当時からあったＡＦＳ*という制度で高校生のときに留学をしているんです。そのため英語が堪能で、学生時代から旅行会社で医者向けのオプショナルツアーを企画するインストラクターの仕事をして相当稼いでいたはずです。当時は今よりも、留学経験は貴重でしたから。留学経験の後に東大に受かれば、怖いものなしですよ。

あとは、これはさすがに実名を出せないけれど、授業を受けずに遊びまくって、女癖がすごく悪くて有名だった人もいます。その人は今、ある学会のドンとして君臨していますけれどね。昔、「俺は学会の女医を50人斬りしたんだぜ」なんて自慢していたそうです。実名を出したら、文春砲が飛びますよ。理Ⅲ卒のなかでは、イケメンでしたが品のない男でした。

彼は学生時代、ほとんど授業に出ないで、英会話の教材などの訪問セールスに勤《いそ》しんでいましたね。「私はこの教材で理Ⅲ

＊ＡＦＳ
公益財団法人ＡＦＳ日本協会による高校生の交換留学プログラム。世界の約40の国と地域から留学先を選べる。年間留学、短期留学などさまざまなコースがある。

に入りました」と学生証を見せながら、受験生のお母さんに高い教材を売りつけるわけです。東大生でイケメンだから、お母さんも財布の紐《ひも》が緩くなる。当時のお金で、月に２００万円くらい荒稼ぎしていたと言っていましたから、今の貨幣価値なら月に６００万円くらい学生のときから稼いでいたことになります。金銭感覚がおかしくもなりますよ。

鳥集　しかしそういう話を聞くと、東大理Ⅲ生といっても人間なんだなと、むしろほっとするところもあります。高校まではガリ勉で通していても、東大医学部に入って女性にモテたい！と考える人もいるんですね。

和田　もちろんいましたよ。そんなセックスしまくりの品のない、いい加減な学生が、後々、学会のドンになったり、産婦人科の学会を牛耳ったり、外科手術の第一人者になったりするわけですから……東大医学部ってなんなんだ？　と思いたくもな

ていますが、

ても、圧倒的に女子が少ない」

りますね。

鳥集　東大医学部にもそんな学生がいたというのは面白いですね。僕は同志社大学の文学部ですが、授業にそんなに真面目に出た記憶はないです。たとえば、昼間起きて銭湯に行ってひと風呂浴びてから登校し、適当にゼミをやって、終わったら、教授やみんなと酒を飲みに行くのが何より楽しかった記憶があります。

授業で学んだものより、放課後、いろんな人たちとの交流によって得たもののほうが大きかったですね。そこで交わされた会話や議論の延長で、ミニコミ誌を作ったりしていました。ところで、当時の理Ⅲの女子の比率はどれくらいだったのでしょうか？

和田　私が東大に入った1979年というのは、共通一次の第1回が行われた年であることは先ほども言いましたが、そのと

「医学部女子の比率は昨今問題になっ

東大は地方の国立大の医学部に比べ

きは、理Ⅲに入った女子はゼロでした。女子がゼロの年は稀《まれ》なのですが、たまたまそれに当たったんです。

その後、理Ⅱから医学部に10人来たのですが、そのうち、女子が3人いました。あと、これは理Ⅲに入る究極の裏ワザといわれているのですが、保健学科を卒業した人のうち、毎年2人だけ医学部に来られるんです。そのなかの一人が女子でしたね。

鳥集　ほぼ男子校と言っていいですね。今でも東大理Ⅲの男女比は、8対2と圧倒的に男子が多いです。医学部女子の比率は昨今問題になっていますが、東大は地方の国立大の医学部に比べても、圧倒的に女子が少ない。

医師を目指す女子学生は毎年増えていますが、女子の場合、臨床医を目指す人が多いため、研究重視の東大・京大医学部には入りにくいという説もあるようです。

和田　せっかく東大に入ったのに、周囲に女子がいないとなると、やはり寂しかったのは事実です。だから、鉄門テニス部とか鉄門ヨット部などの鉄門サークル*に入る連中は多かったですよ。サークルの内容云々《うんぬん》より、他校の女子大生がいっぱいいそうなサークルを選ぶ学生も多かったはずです。まあ、それは今もそう変わらないでしょう。そういう健全な男女の青春の過ごし方もできない学生は、東大病院で研修医になって腐り始めるという傾向もありました。特に腐っていたのが、老人科*（現・老年病科）の研修医です。私もそこで研修を受けたのですが、毎晩のように薬屋の接待漬けでした。

鳥集　だいたい、どなたのことを仰っているのかわかってしまいますが……。

医学部女性差別問題　もう一つの視点

鳥集　和田さんは、東京医科大学の内部調査から端を発した一

鉄門サークル
東大病院付近に実際にある「鉄門」からきた呼び名で、東京大学医学部、そのOB、OGなどだけがかかわることができる団体のことを指す。男子部員は全員東京大学医学部の学生で、その数よりも他大学に所属する女子マネージャーの数のほうが多いという。

老人科（現・老年病科）
内科診療部門の一つ。東大大学院では、生殖・発達・加齢医学専攻部門に属している。加齢医学講座は老年病学分野と、老化制御学分野に分かれている。

連の医学部入試*における女性差別問題についてはどういう感想を持ちましたか？

和田　絶対にあってはならないことが起きてしまったと思いますね。ただ、私がそれ以上に衝撃を覚えたのは、医師のなかで、「この措置が理解できる」と考える人が3分の2近くもいたという事実です。つまり多くの医師が、女性医師のほうが将来、出産や子育てなどでやめることが多く、あるいは当直などのない楽な仕事を選ぶことが多いので、男性医師や未婚の女性医師に負担をかけるのだから、女性医師になる人数を制限するのは致し方ないと考えているのです。

しかも、少なからず女性医師までそう思っていることを知り、とても複雑な思いがしました。また、この問題においては、メディアの論調が、#MeToo運動を背景に、女性差別ばかりに向いたので、見逃されている問題があります。つまり、大学入試の時点で東京医科大学をはじめとする多くの私大医学部は、

医学部入試における女性差別問題　医学部の入学試験に差別があり、女子合格者を減らすための操作が行われていた問題。2018年に行われた東京医科大学の内部調査では、特定の受験生に加点が行われていたこと、女子と3浪、4浪男子の受験生には入学を抑制することなどが、少なくとも06年から行われていたと明言、受験生に対する背信行為だと断罪した。この調査をきっかけに文部科学省は、医学部医学科を置く全国81の国公私立大学（防衛医科大を除く）を対象に訪問調査を行い、複数の医学部で性別などによって合格の扱いに差を設けていることが判明した。

「将来、自分の大学病院で戦力になるか否か？」を、密《ひそ》かに判断基準にしていたということですね。まるで会社のように学生を選んでいたわけです。

少し古いデータですが、2004年の日本医師会の報告によると、女性医師の活動率*は36歳時で76％まで落ちて、その後、徐々に上昇します。36歳といえば、医師になって10年目あたりの脂の乗り切った時期といえます。

その時期に離職となると、確かに病院は困るし、女性の立場からすると出産して離職するだけでなく、生まれてからしばらくは職場に復帰していないことが推測されます。日本の夫婦における、子育てに関わる時間のアンバランスさや、核家族問題、深刻な保育園不足がこのような事態を招いているのはもちろんですが、私がここでもう一つ言いたいのは、多くの医師は、自分の子どもを医学部に入れたいと望んでいるということです。

それも、できることなら東大理Ⅲに我が子を入れたい。そのためには、我が子の受験勉強と二人三脚で向き合わねばなりま

女性医師の活動率
女性医師が、どのくらいの割合で実際に稼働しているかどうかを見るもの。厚労省の「医師・歯科医師・薬剤師統計（2018年）」によると、医師の数は、男性25万5452人（全体の78・1％）、女性7万1758人（同21・9％）。女性医師は2割強にとどまるが、前回比では6・3％増、増加のペースは男性医師をしのぐ。医師国家試験合格者の男女比率は概ね7・3で推移しているところを見ると、医師の男女比率と就業率のズレが生じている。

せん。子どもの受験勉強に寄り添えるのは、圧倒的に父親よりも母親です。だから、乳離れが済んでも、受験戦争のために職場復帰が難しくなる。我が子を東大理Ⅲに入れるためには、先のような中高一貫の名門校に入れる必要がありますからね。

夫には我が子の学費を稼いでもらわなければいけないので、一生懸命出世を支える一方で、自分の医師としての道を途中であきらめてしまう女性医師が、ごまんといるはずですよ。なんとも皮肉な話だとは思いませんか？　医師を志望する女子が増えたとはいえ、世界的に見ても、女性医師の割合がとても少ない理由はここにもあるでしょうね。

鳥集　ＯＥＣＤ諸国の女性医師比率は平均46・5％です。最も高いのがラトビアで、7割を超えていますし、ヨーロッパでは軒並み4割。ヨーロッパに比べて女性医師が少ないとされるアメリカでも34％。対して日本は20・3％で、韓国の22・3％よりも少ない。そもそも日本のジェンダーギャップ指数*は１２１

ジェンダーギャップ指数
グローバル・ジェンダー・ギャップ指数のこと。世界経済フォーラムが発表している世界男女格差指数。政治・経済・教育・健康の4部門について、男女にどれだけの格差があるのかをスコア化し、その数値をもとに各国の男女平等に順位をつけるもの。２０１９年、日本のジェンダーギャップ指数は、前年の１１０位に比べて１２１位。政治分野に特化すると１４４位でワースト10入り。

位。Ｇ７のうちでも最低な国ですからね。

和田　医学部の女性差別問題は、その象徴的な話だったので、国民の関心も高かったのでしょう。女性医師が戦力にならないからと入学時から排除するより、女性医師が安心して仕事が続けられるような教育と環境づくりをすることこそが喫緊の課題です。そういう取り組みこそ東大医学部が率先してやるべきですが、理Ⅲの男女比が８対２では話になりませんよね……。

鳥集　この女性差別問題で、話題になった論文があります。ＵＣＬＡ（カリフォルニア大学ロサンゼルス校）助教授の津川友介氏らがアメリカの１３０万人の高齢入院患者のデータを分析したところ、「女性医師のほうが、男性医師よりも患者の死亡率や再入院率が低い」ことが明らかになったのです。その理由について、津川氏はこのように説明しています。

「なぜ女性医師のほうが患者の予後がよいのかについて、本研究では明らかにすることができなかったものの、過去の研究において、女性医師のほうがガイドライン遵守率が高く、患者とより良好なコミュニケーションを取り、より専門家にコンサルテーションすることなどが報告されています。このように男性医師と女性医師の間での診療パターンの違いが、患者の予後の差につながった可能性があるのではないかと考えられます」

（津川友介氏ブログ「医療政策学×医療経済学」より）

和田　コミュニケーション能力の低い医師は、圧倒的に有名大学病院の男性医師に多いのです。一度も患者の目を見ずに、電子カルテしか見ない医師がたくさんいますが、大学病院というブランドに守られた彼らは自分の態度を改善しようともしません。

　そのために入試面接が採用されたのですが、その面接官を、もっと患者を診ずに動物実験ばかりやっていた教授がやったので、よけいに事態が悪化し、面接試験は女性差別の温床になっ

んいますが、大学病院というブラン
善しようともしません」

たばかりか、教授に忖度しそうなおとなしい医者ばかり入学させる温床になっています。

一方で、子育てのために一旦家庭に入った女性医師を進んで受け入れる大学病院がほとんどないことも事実です。やはり、10年、20年もブランクのある医師をすぐに現場で受け入れるのは無理があります。何しろ、もともと医学部の教授たちは、臨床を教える能力がほとんどないわけですから。

だから、子育ての終わった女性医師の復帰を援助する教育機関を作ればいいのです。これは看護師も同様でしょう。看護師の資格を持ちながら、子育てのためにやめてしまって復帰できずにそのままという看護師はたくさんいます。彼女たちがいかに必要な人材かは、今回のコロナ禍で、国も身に染みてわかったはずですからね。

「電子カルテしか見ない医師がたくさ
ドに守られた彼らは自分の態度を改

第2章

東大医学部を出た人は、どんな医者になっていくのか?

「医局」とは、相撲部屋である

鳥集　灘校同士はあまりつるまないというお話でしたが、灘から東大医学部を卒業した人のうち、その人脈を使って政治的に強い力を発揮するとか、医学界で影響力のある人はいますか？

和田　あまり見当たりませんね。確かにこのコロナ禍でＰＣＲ検査をもっと行うべき！　と言い続けて、テレビなどでも存在感を示している*上昌広氏などはそういう立ち位置にいるかもしれません。政治家の*鈴木寛氏と一緒に、医療ガバナンス研究所というＮＰＯで、政治家とのコネクションを作って社会的な活動をしています。

　しかし私の同期で、灘出身で東大の臨床の教授になったのは、*秋下雅弘氏だけです。

鳥集　臨床以外では、東大医学系研究科細胞生物学と理学系研

上昌広
かみ　まさひろ。灘高卒、1993年東京大学医学部卒。医学博士。医療ガバナンス研究所理事長。著書に『病院は東京から破綻する――医師が「ゼロ」になる』（朝日新聞出版）、『ヤバい医学部　なぜ最強学部であり続けるのか』（日本評論社）など。

鈴木寛
すずき　かん。1986年東京大学法学部卒後、通産省入省。2001年参議院議員に初当選。社会創発塾塾長。元・文部科学副大臣、前・文部科学大臣補佐官。

究科物理学専攻などの教授を兼任する岡田康志氏*や、国立感染症研究所エイズ研究センター長と東大医科学研究所附属病院エイズワクチン開発担当分野の教授を兼任する俣野哲朗氏*などが有名です。特に岡田氏は、中高で30万ページの読書をこなし、中学3年のときに東大模試の理ⅢでA判定を取るなど、灘校のなかでも天才の誉《ほま》れ高い伝説的な人物です。岡田氏は、1968年生まれで先の上氏と同級生ですよね。

和田　医科研*には灘出身の教授は何人かいたようですが、確かに、臨床の教授は意外なほど少ないですね。ひょっとしたら、教授会で灘高OBは嫌われているのかもしれません。教授になるには、まずは選挙の立候補者に選ばれないといけないわけです。東大医学部の場合、教授選には自分から立候補さえもできません。選ばれた人しか立候補さえさせてもらえないのです。さらに、東大の教授会には、関西人を嫌う風潮がもしかするとあるのでしょうか……。

秋下雅弘
あきした まさひろ。灘高卒、1985年東京大学医学部卒。東京大学大学院医学系研究科教授（老年病学・加齢医学）。東京大学医学部老年病学教室助手、ハーバード大学研究員、杏林大学医学部助教授、東京大学大学院医学系研究科准教授などを経て、現職。

岡田康志
おかだ やすし。灘高卒、1993年東京大学医学部卒。医師、医学博士。専門は細胞生物学、生物物理学。東京大学大学院理学系研究科、物理学専攻生物物理学講座教授。2011年より理研・生命システム研究センター（18年より生命機能科学研究センター）チームリーダー。

鳥集　そんななかで、灘高出身で臨床の教授になれた秋下氏は、やはり実力ですか？

和田　私は、秋下氏とは高校時代からわりと仲が良かったのです。知り合ったときから秀才だったし、穏やかないい奴でした。私の結婚式のときには友人代表でスピーチをお願いしたほどです。しかしその後、秋下氏の結婚式に、私は呼ばれなかった。教授たちやMR（製薬会社の医薬情報担当者。事実上の営業職）さんの手前、東大批判や製薬会社批判をしている一匹狼の私のような人間を友人席には呼べなかったのかもしれませんね。正直小さい奴だなと思いましたよ（笑）。

彼はその後、『薬は5種類まで』*というタイトルの本を書いた。その本の新聞広告を見たときに、私は、おっ！　東大教授になっても、秋下氏はちゃんと患者を想う良心があるんだなと思って、嬉しかったのです。早速買って読んでみました。しか

俣野哲朗
またの　てつろう。灘高卒、1985年、東京大学医学部卒。90年に大学院医学系研究科博士課程卒、学位取得。2001年より東京大学大学院医学系研究科微生物学講座助教授、06年から東京大学医科学研究所感染症国際研究センター教授。10年から国立感染症研究所エイズ研究センター長、東京大学医科学研究所附属病院委嘱教授。19年、日本エイズ学会学術集会総会において、学会賞（シミック賞）を受賞。

医科研
東京大学医科学研究所のこと。1892年に北里柴三郎氏により設立された大日本私立衛生会附属伝染病研究所を前身とし、1967年に医科学研究所に改

し、その本に載っている、*日本老年医学会による高齢者に危ない薬のリストを見ると、賛成できない部分も多くありました。たとえば、高齢者の臨床をちゃんとやっている人間なら、副作用が多いのが常識であるはずの骨粗鬆症《こつそしょうしょう》の薬が、全部安全と書いてあるのには目を疑いました。なぜか？　秋下氏の上司にあたる*折茂肇氏が、骨粗鬆症の権威だから遠慮をしたとしか考えられないのです。

鳥集　どんなに秀才であっても、そういう忖度もできる人じゃないと教授になれない面があるのでしょうか。

和田　東大医学部というところは、人の性格までも変えてしまうのです。

鳥集　しかし、一番合格者を出し続けているにもかかわらず、東大医学部のなかに、派閥としての灘グループが存在しないの

組。生命現象の普遍的な真理と疾患原理を探究し、革新的な予防法・治療法の開発とその社会実装による人類社会全体への貢献を目指すという。

『薬は５種類まで　中高年の賢い薬の飲み方』　秋下雅弘著、２０１４年、ＰＨＰ研究所刊。中高年～高齢者によく見られる、薬の飲み合わせが原因の副作用を実例を挙げて紹介。物忘れや認知症、転倒なども、薬の飲み過ぎによる弊害の可能性が。薬を減らすために今日からできる具体的方法、薬のいらない生活習慣、医者との上手な付き合いを丁寧に説明。しかし日本老年医学会による高齢者に危ない薬のリストについて、本書籍著者の和田秀樹は疑問を呈する。

「製薬会社主催の講演会は自粛が必要」

薬の値段を決める「中央社会保険医療協議会」（中医協）の中に、薬価を算定するための委員会「薬価算定組織」がある。委員名は非公表で、委員が製薬会社から得ている副収入については情報開示請求をしても不開示の「ブラックボックス」。その中で薬の値段が決まっていく。その算定組織の委員長の秋下雅弘・東京大学教授（老年病科・当時）ら３人が、製薬会社からそれぞれ1,000万円超の副収入を得ていたという。秋下委員長は、2016年度に計1,155万円を製薬会社から受け取っていた（内訳は、講師謝金、原稿執筆料・監修料、コンサルティング等依託費など）。

医師には薬を処方する権限がある。どの薬を患者に出すのかは医師の判断に委ねられている。まして秋下委員長は薬の値段の決定に影響力を持つ組織のトップだ。

秋下委員長は副収入の大半を占める講演会の謝金について、「薬の宣伝をしているわけではない」と断った上で、「教授の立場になって、講演会に呼ばれる機会が増えて、アカデミック・アクティビティ（学術活動）としても講演会に行くっていうことは重要」だが、「それが、『製薬会社の講演なのはどうなの？』っていう疑問もある」とした。そして、「今（講演会を）頼まれるうち９割くらい断っています。なるべく行かないように自分の中で自粛、自主規制をかけないといけない」とも。自主規制は、自身が所属する東大病院で、患者の個人情報が製薬大手のノバルティスに渡っていた事件以降、意識するようになった教授が多いと言う。

製薬会社からの副収入の開示については、「開示の在り方については、今後の社会情勢を鑑みながら、関係各省・各機関と連携をもちつつ検討していく課題と考えます」。具体的に何も答えていない。もちろん「公開する」とは一言も書いていない。

出典：ワセダクロニクル（2018.6.29）より抜粋
https://www.wasedachronicle.org/articles/docyens/e5/

は不思議ですよね。

和田　ご存じの通り、医学生は、必ず「医局」に所属しなくてはなりません。そうすると、医局がすべてになるから、横のつながりがとても希薄になっていくのです。

鳥集　なるほど。「医局」とは本来、医師が待機する部屋のことを指していました。今でも一般の病院では、この言葉をその意味通り使っています。しかし、医学部においてはいつしか別の意味で使うようになりました。つまり、各診療科に割り当てられた大学の教授室や研究室のことだけではなく、臨床系の各講座（教室）の人的組織のことを医局と呼ぶようになったのです。教授以下、こうした講座ごとに、准教授（かつては助教授）、講師、助教（かつては助手）、医員、大学院生、研修医といった肩書の人たちが集まり、ピラミッド型の組織を作っています。各講座の長である教授が、医学部附属病院の診療科長を兼ねる

日本老年医学会による高齢者に危ない薬のリスト
「高齢者の安全な薬物療法ガイドライン」のこと。特に慎重な投与を要する薬物、開始を考慮すべき薬物のリストなどを掲載。

折茂肇
おりも　はじめ。1959年東京大学医学部卒。同大学医学部老年病学教室教授、大蔵省印刷局東京病院院長、東京都老人医療センター院長、健康科学大学学長を歴任。公益財団法人骨粗鬆症財団理事長、国際骨粗鬆症財団理事も務める。日本における老年医学の第一人者と言われている。

ことがほとんどです。

和田　医局というのは、一応、自主グループということになっていますが、実態はまさに相撲部屋のようなものです。力士だって、他の相撲部屋の力士と仲良くすると親方から怒られるでしょう。同じようなものですよ。

鳥集　これまで、東大医学部を頂点とする伝統のある医学部は、各地の大学病院や有力病院を支配下に置くことで、領地を拡大していきました。そして、関連病院にどの医局員を派遣するかだけでなく、誰を部長にするかを決める権限までも、医学部の教授が握っていましたからね。こうして形成された医局と関連病院とのネットワークが、教授の権力の源泉となるのです。だから医局に入って教授に気に入られなければ、その後、条件のいい関連病院に就職することも叶《かな》いません。大学に残って助教、講師、准教授などのポストを狙う場合も、教授の協力がなけれ

です」

ば研究費の分配もしてもらえなくなるのです。
教授が黒と言えば、本音は白だと思っていても、黒だと言わざるを得ない。昔は、「医局絶対主義」がとても強かった。

和田 その研究費には、国からの補助金も使われているわけですよ。国から、ということはつまり我々の税金です。その税金を、ろくな研究もせずに、自分たちの沽券《こけん》のために好きなように分配できるのですから、その点で医局制度は、相撲部屋よりも相当酷い。相撲部屋は、自分たちで努力して強くならないと奨励金が出ないし、タニマチも離れていくので廃業に追い込まれますが、医局の人間は努力しなくても、国からお金が下りたり、製薬会社がお金をくれるわけですから。スポンサーになってくれる製薬会社の薬の治験を行い、その薬に有利なデータを出して講演会の形で賛美するだけでお金が入ってくるのです。

鳥集 相撲部屋というよりも、ヤクザと見紛《みまが》うような封建制度

「今の医療は、『医局絶対主義』なの

です。ある地方国立大学を卒業したベテラン医師からこんな話を聞いたことがあります。

「教授には、医局員からの上納金がありました。教授の計らいで博士号を取れたときや就職の世話をしてもらったとき、または結婚の仲人をしてもらったときなど、そのたびに数十万円程度の現金を教授に渡す慣習があったのです」と。現在では、さすがに大っぴらに現金のやり取りはできなくなりましたが、一昔前まではこうした慣行は全国で当たり前のようにあったはずです。

和田　当時は現金のやり取りなど当たり前でしたよ。論文を書きまくって、運よく教授になれた人というのは、自分の信じている学説が絶対に正しいと思っていて、差し出されたお金は受け取るくせに、部下の新しい研究や考え方を受け入れられないのです。これは医者に限ったことではありませんが、自分は偉いのだと勘違いしている秀才ほど、歳をとればとるほど、新し

才ほど、歳をとればとるほど、

ってしまいます」

いものを頑《かたく》なに受け入れなくなってしまいます。つまり、自分の学説を覆すようなことを言っている気鋭の若手教授を認めようとしないのです。

　これは現在の東大医学部に顕著です。東大医学部教という宗教に入って、教授の言いなりになって、全然オリジナリティのある研究ができないわけです。相撲部屋のちゃんこ鍋と一緒ですよ。親方が、うちの部屋のちゃんこ鍋は味噌だと言い張ったら、弟子がどんなに美味しい塩ちゃんこを作っても、「こんなのうちの部屋の味じゃないから作り直せ！」と鍋をひっくり返されてしまうのです。

鳥集　そういう教授が、新しい発想まで潰してしまう危険性があります。

「自分は偉いのだと勘違いしている秀
新しいものを頑なに受け入れなくな

それでも、東大医学部卒が学会を回す

鳥集　東大医学部から医局に入るというのは、医学界全体から見ても、やはり有利なのでしょうか。

和田　絶対的に有利です。東大の医学部教授というのは各学会の理事長*になれる確率がものすごく高くなります。

医療系の学会は現在、日本医学会に認められているだけでも100以上に分かれています。

そのうち、ほとんどの学会で毎年、学会長*は代わるわけです。学会長になると、その大学のある都市で学会の総会が開かれるので、地元で相当いい顔になれる。理事長ではなくてね。それで、多くの医学部教授というものは、なぜか一生のうちに一度は学会長になりたいと野望を持つらしいです。なんであんなにシンドい役職をやりたがるのか、私は理解に苦しみますが。そんな時間と労力があったら、映画を1本撮れますからね。まあ、

理事長
医療系学会の組織は、基本、理事長を最高位として副理事長、常務理事などからなる役員と、評議員、会員、賛助する製薬会社、医療機器メーカーなどと各種委員会からなることが多い。理事長は事実上のトップ。

学会長
医療系学会における学会長は、年1回開催される学会の集会での幹事的な役回り。

昔ならば、製薬会社から多額な協賛金という名のご祝儀が集まっていたから、学会を開くたびに5000万円くらいは集まると言われていましたが、今はそんなこともないでしょうから、手弁当の人も多いと思います。

鳥集　医学会は年1回、全国各地で学術集会を開きます。その集会の主催者が「学会長」ですね。学会長は大抵、各地の大学の教授が持ち回りで担当します。一方、理事長は、その学会の事実上のトップです。歴史の古い大きな学会ほど、理事長は東大をはじめ旧帝大や有名私大の教授が独占していることが多いです。私のイメージでは、学会長は結婚式の披露宴の幹事みたいなものかと。今年の懇親会では、サプライズでさだまさしを呼んで歌ってもらおうとか、そういうことまで考えないといけないわけですから。

和田　まあ、実質はそんなところでしょう。要は、権威ですよ、

- 日本心臓血管外科学会
- 日本人類遺伝学会
- 日本睡眠学会
- 日本生化学会
- 日本整形外科学会
- 日本生殖医学会
- 日本精神神経学会
- 日本生体医工学会
- 日本生理学会
- 日本脊椎脊髄病学会
- 日本先天異常学会
- 日本造血細胞移植学会

タ行
- 日本大腸肛門病学会
- 日本体力医学会
- 日本超音波医学会
- 日本手外科学会
- 日本てんかん学会
- 日本透析医学会
- 日本糖尿病学会
- 日本動脈硬化学会
- 日本東洋医学会

ナ行
- 日本内科学会
- 日本内視鏡外科学会
- 日本内分泌学会
- 日本内分泌外科学会
- 日本乳癌学会
- 日本認知症学会
- 日本熱傷学会
- 日本熱帯医学会
- 日本脳神経外科学会
- 日本脳神経血管内治療学会
- 日本脳卒中学会
- 日本農村医学会

ハ行
- 日本肺癌学会
- 日本ハンセン病学会
- 日本泌尿器科学会
- 日本皮膚科学会
- 日本肥満学会
- 日本病態栄養学会
- 日本病理学会
- 日本プライマリ・ケア連合学会
- 日本平滑筋学会
- 日本ペインクリニック学会
- 日本法医学会
- 日本放射線腫瘍学会
- 日本保険医学会

マ行
- 日本麻酔科学会
- 日本脈管学会
- 日本免疫学会

ヤ行
- 日本薬理学会
- 日本輸血・細胞治療学会

ラ行
- 日本リウマチ学会
- 日本リハビリテーション医学会
- 日本臨床栄養代謝学会
- 日本臨床検査医学会
- 日本臨床細胞学会
- 日本臨床腫瘍学会
- 日本臨床スポーツ医学会
- 日本臨床薬理学会
- 日本リンパ網内系学会
- 日本レーザー医学会
- 日本老年医学会
- 日本老年精神医学会

日本の医療系学会一覧

ア行
- 日本アフェレシス学会
- 日本アレルギー学会
- 日本医学教育学会
- 日本医学放射線学会
- 日本胃癌学会
- 日本医史学会
- 日本移植学会
- 日本医真菌学会
- 日本医療機器学会
- 日本医療情報学会
- 日本医療・病院管理学会
- 日本インターベンショナルラジオロジー学会
- 日本ウイルス学会
- 日本衛生学会
- 日本衛生動物学会
- 日本栄養・食糧学会
- 日本疫学会
- 日本温泉気候物理医学会

カ行
- 日本解剖学会
- 日本化学療法学会
- 日本核医学会
- 日本眼科学会
- 日本癌学会
- 日本感染症学会
- 日本肝臓学会
- 日本癌治療学会
- 日本緩和医療学会
- 日本気管食道科学会
- 日本寄生虫学会
- 日本救急医学会
- 日本矯正医学会
- 日本胸部外科学会
- 日本形成外科学会
- 日本外科学会
- 日本血液学会
- 日本結核・非結核性抗酸菌症学会
- 日本血管外科学会
- 日本血栓止血学会
- 日本健康学会
- 日本口腔科学会
- 日本高血圧学会
- 日本公衆衛生学会
- 日本交通医学会
- 日本呼吸器学会
- 日本呼吸器外科学会
- 日本呼吸器内視鏡学会
- 日本骨粗鬆症学会

サ行
- 日本災害医学会
- 日本細菌学会
- 日本再生医療学会
- 日本産科婦人科学会
- 日本産業衛生学会
- 日本磁気共鳴医学会
- 日本耳鼻咽喉科学会
- 日本周産期・新生児医学会
- 日本集中治療医学会
- 日本循環器学会
- 日本消化器外科学会
- 日本消化器内視鏡学会
- 日本消化器病学会
- 日本小児科学会
- 日本小児外科学会
- 日本小児血液・がん学会
- 日本小児循環器学会
- 日本小児神経学会
- 日本職業・災害医学会
- 日本女性医学学会
- 日本自律神経学会
- 日本神経学会
- 日本神経病理学会
- 日本人工臓器学会
- 日本心身医学会
- 日本腎臓学会

権威。医学部教授が学会長になれる確率というのは、医学部が82あるわけですから、自分の任期が10年として、８分の１くらいらしいけどね。しかし東大、名大、阪大、京大、慶応大の教授ならば、一生のうち、必ず一度はなれるはずですよ。

ただ、別の利権が存在するのも確かです。学会によっては学会ボス、すなわち理事長が、大学の医局に治験を分配します。治験が一つ回ってきたら、５００万～１０００万円くらいはもらえるはずです。だから、一般の医学部の教授は学会ボスに頭が上がらない。私も東北大学の老年内科の非常勤講師を務めていましたが、『週刊文春』に骨粗鬆症の薬の批判を書いたら、当時の学会ボスから東北大学の教授に電話がかかってきて、それを忖度した東北大の教授から非常勤講師を任期途中でクビになりました。先の、秋下教授がそのボスに忖度して、骨粗鬆症の薬は全部安全だと書かざるを得ない空気になるのも、さもありなん、と思いました。

だ』と考える人もいるようです」

鳥集　日本医学会のトップは「会長」ですが、ずっと東大医学部ＯＢが務めてきました。それがようやく、２０１７年６月に初めて東大以外の出身者である門田守人氏（阪大卒）が会長となりました。日本内科学会も日本外科学会も、理事長はずっと東大をはじめ旧帝大の教授たちで回しています。

和田　そうです。だから少なくとも東大医学部の教授になったら自分の所属する学会の理事長なり会長になれる確率はメチャクチャ高いわけです。よその大学は８分の１くらいの確率なのに。

鳥集　たとえば、山形大学とか島根大学など過疎地の大学医学部で、力をつけた教授がいたとしても、そういう人が学会の理事長に抜擢《ばってき》されるということは、ほぼあり得ないのでしょうか。

和田　ほぼあり得ないでしょうね。しかし、多くの精神科医が

「『東大卒が理事にいない学会は二流

所属する日本精神神経学会だけは稀にそういうことがあります。だけどそれはそれで、変なのを選んでしまう。通常は評議員を選挙で選び、その評議員のなかから理事を選び、そこから理事長を選ぶという流れです。

鳥集　それは投票ですか。

和田　投票です。私は今、6つの学会に入っていますから、評議員選挙のお願いのメールが頻繁に送られてきます。選挙なので本来はフェアなはずなのですけど、なぜか、理事長はともかく、理事には東大卒が入ってないといけない、「東大卒の医師が理事にいない学会は二流だ」と考える人もいるようです。

鳥集　ただ、東京以外に勤務する多忙な教授からしてみれば、いくらアゴアシつきであっても、面倒な厚労省とか文科省との折衝や会議のたびにいちいち上京するのは面倒ではないですか。

だから、東大の教授にやってほしいという面はあるみたいですね。

和田　東大教授が有利な点は、自《おの》ずと中央の役人の知り合いが多くなることです。各省庁主催の勉強会レベルなら、今、このときも何かしらが開かれており、アルバイト感覚で東大医学部の教授が話しているはずですよ。今回のコロナ禍で、本来、科学的な根拠や専門知識を持って、政府に政策を立案する立場である厚労省医政局の医系技官*の無能ぶりがいみじくも露呈されたわけですが……。ただ、医系技官は、慶応出身がわりと多いのです。しかし、医系技官が次官になった事例はないと思います。医政局長くらいまでで、その上のポストには必ず東大卒がいます。

鳥集　確かに、事務次官は東大法学部出身の人が多いですよね。

厚労省医政局の医系技官
医政局は、医療政策を所轄する、厚労省内部の部局の一つ。医系技官は、厚労省のＨＰによると、「人々の健康を守るため、医師免許・歯科医師免許を有し、専門知識をもって保健医療に関わる制度づくりの中心となって活躍する技術系行政官のことです」とある。医師としての専門性、行政官としての専門性だけでなく、高い志、広い視野、豊かな人間性、コミュニケーション能力などの「基礎素養」も重要とされている。

和田　東大医学部もそうですが、良きにつけ悪しきにつけ、受験競争に最も勝利した人たちが入ってくるわけだから、やたらと競争が好きで、ヒエラルキーのなかでしか生きられない人が多いのです。日本の医学が遅々として発展しないのは、そんな東大医学部卒のメンタリティがはびこっている医局が存在するからです。権威に凝り固まったシステムだから、横のつながりが希薄なために、日本は臓器別・縦割り診療の弊害がどんどん出てしまいました。

鳥集　昔は、医学部を卒業後すると、ほとんどの人は進路とする診療科を決めて、母校の医局に入局しました。そのため、消化器外科を選んだ医師は、他の診療科について深く学ぶこともなく、消化器外科の医局員としてのレールが敷かれました。消化器外科の場合、メインの疾患として大学病院でその医師が学ぶのは、胃がんや大腸がんなどになります。

専門領域が細分化されている大学病院では、消化器外科の医

生産してしまいました」

師が、ありふれた感染症や糖尿病、高血圧などの内科の病気、捻挫《ねんざ》、骨折などの整形外科の分野、ましてやうつ病や統合失調症などの精神科の疾患を学ぶ環境がなかったのです。しかも、体系的な臨床教育は行われず、まさに「俺の背中を見て覚えろ」といった相撲部屋の親方のような教授についたら、その教授のやり方しかわからなくなっていたのです。

そういう環境で育った医師は、飛行機や新幹線のなかで急病人が出ても、消化器以外の疾患はわからないから、自信が持てずに医師だと名乗り出ることもできなくなる。そんなことでは、医師と胸を張って言えませんよね。医局講座制は、このような「専門バカ」を大量生産したと言われています。他に和田さんは、臓器別・縦割り診療に、具体的にどんな弊害があると思いますか？

和田　人間、歳をとればとるほど、一度に3つも4つも病気をすることが多くなります。骨粗鬆症があり、高血圧があり、軽

「医局講座制は、『専門バカ』を大量

い糖尿病も指摘されて、さらに心電図を調べたら狭心症も見つかったなんていうことはよくある話です。

そうなったとき、今の臓器別・縦割り医療だと、それぞれの専門医がバラバラに薬を出すわけだから、すぐに15種類くらい処方されてしまうわけですよ。こうなるともう、薬の効果よりも多剤投与の副作用がデメリットになります。ですから、先の秋下氏の『薬は5種類まで』というのは、そのなかに骨粗鬆症の意味のない薬を入れるという以外はとても素晴らしい提案なのです。

日本の人口構成が60歳未満の若い層で大半を占められていた時代は臓器別・縦割り診療のほうが国民の健康を維持できたかもしれませんが、現在の超高齢社会においては、弊害が大き過ぎるのです。しかし、そんな俯瞰的《ふかんてき》にものを考えられる人間、本気で患者さんを救おうと思って医師を目指す人間は、東大医学部を筆頭とするエリート大学の医学部にはほとんど残れないのが現状です。

「新臨床研修制度」がもたらしたものとは？

鳥集　その凝り固まった構造を変えようと、２００４年には、「新臨床研修制度」が導入されました。この制度が導入された背景には、１９９０年代以降、医局人事を握る教授への賄賂や権威主義を背景にした医療事故の隠蔽《いんぺい》などが、メディアの告発によって表沙汰となったこともあります。

また、１９９８年に関西医科大学で月額６万円の奨学金と、１回あたり１万円の宿直手当だけで土日も休みなく働かされていた研修医が、急性心筋梗塞で過労死するという事件が起きたことで、大学病院における若い研修医の奴隷のような働かせ方が社会問題となりました。これも、「新臨床研修制度」導入の後押しになったと言われています。

和田　もう一つは、当時、『ブラックジャックによろしく』*とい う漫画作品がベストセラーとなったことも影響していると思

『ブラック・ジャックによろしく』
佐藤秀峰著、２００２年、講談社刊。
主人公は超一流私大附属病院に勤務する1年目研修医。理想とかけ離れた日本の医療の矛盾に苦悩しつつ、病院・医師ごとの技術レベルの違い、終末期医療と医療費問題、研修医のアルバイト問題、がん治療と緩和ケアなど、現在の大学病院のさまざまな問題に直面しながら、一人前の医師へと成長していく物語。連載早々大反響を巻き起こした衝撃の医療ドラマ。

いますね。妻夫木聡さんが主演でドラマ化もされて人気を博しました。その漫画がヒットしていた頃、私は、「大学病院の今後のあり方」といったテーマのシンポジウムに登壇したことがあったのですが、同じシンポジウムに登壇していた厚生省（当時）の役人が、『ブラックジャックによろしく』を取り上げて、「今は情報化社会です。大学の名前にあぐらをかいて、何をやってもいいわけではない」という話をしたのです。ようやく厚生省が重い腰を上げたのかと驚いた記憶があります。

『ブラックジャック〜』の舞台は大学病院で、主人公は研修医です。大学の医局の医者が、いかに臨床ができなくて実験ばかりに手を出しているか、たとえば教授はミミズの解剖はしたことがあるけれど、人間の解剖はしたことがなくて、助教授がいつも尻拭いをしているというようなリアルなエピソードがたくさん出てくるのです。あの作品は、一般市民に、大学の医局の実態とともに、病気を診《み》るが人間を診ない、診られない医師がたくさんいることを知らしめたことになります。

ない医師がたくさんいる」

鳥集　「新臨床研修医制度」は、こうした医局講座制の悪しき慣習を一掃する形で制度設計されたと聞いています。変革の目玉は3つありました。

最大の目玉は、2年以上の臨床研修が必修化されたことです。いわゆる専門バカを生む徒弟制度を改めて、新米医師全員にまともな臨床教育を受けさせるようにしたのです。この初期研修を終えなければ、医師は事実上臨床に従事することができなくなりました。また、この期間は研修に集中してもらうため、アルバイトは原則禁止とし、研修医が生活するのに十分な給料を病院が支払うように決められたのです。

2つ目の目玉は、アメリカで行われている「スーパーローテート」という研修方式を採り入れたことです。初期研修医たちは、この方式によって2年の間に内科や外科だけでなく、救急、地域医療、小児科、産婦人科、精神科などを6ヵ月から1ヵ月単位でくまなく回ることも義務づけられました。これ以上、専

「病気を診るが人間を診ない、診られ

門バカを量産させないようにするためです。

3つ目の目玉は、研修病院の選択に、「マッチング」という方式を採り入れたところです。医学生たちは6年になると、病院の面接や試験を受けて、研修先の希望順位を、厚労省の下にある機関〈医師臨床研修マッチング協会〉に提出することになりました。一方、病院側も採用したい学生の希望順位を協議会に提出します。それをコンピューターにかけて、順位の高いもの同士を優先して研修先を決められるようになりました。

和田　この制度によって、何が変わったかといえば、大学病院での研修よりも一般病院での研修を希望する研修医が増えたことです。医局が手薄になった大学病院が続出しています。そのため、この制度を批判する教授も少なくありません。

たとえば、岩手医科大学の学長の小川彰氏もそうです。

要するに岩手だとか山形、秋田など、過疎地と呼ばれる地域の大学にも、昨今の医学部人気によって東京の進学校からたく

の研修を希望する研修医が増えた」

さん生徒が進学してきていた。彼らは、その生徒たちがいずれ自分の大学病院で働いてくれるものと思って大事に育てていた。しかし、このマッチング制によって、ほとんど東京に帰ってしまう。それで、田舎の医者不足が深刻になった。過疎地の病院を追い込むようなこの制度を廃止しろと政府に要望書を提出したのです。

鳥集　確かにこの制度が実施される前までは、医学部を卒業した後、約7割が自分の大学の医局に入局していました。しかしこれにより、半数以上の研修医が自分の大学以外の臨床研修病院に集まるようになりました。このマッチング結果は、「医師臨床研修マッチング協議会」のＨＰで誰でも見ることができます。

和田　だから、岩手医科大学の要望は一見、正論に見えるかもしれません。しかしちゃんと調べてみると驚くべきことがわか

「大学病院での研修よりも一般病院で

ったのです。岩手県全体では、臨床研修が必修化された結果、臨床研修に訪れる研修医が倍近くまで増えていたのです。

　岩手医大と同じ盛岡市にある岩手県立中央病院には、定員19名のところ、平成25年度の研修第一希望者は25名でした。岩手県立病院は臨床を一生懸命やる病院として、研修医の間でもよく知られていたからです。つまり、岩手医科大学附属病院に研修医が3人しか集まらなかったのは研修医が東京に行ってしまうことが理由ではなく、すぐ近くの県立病院に行っていたからなのです。実際、東京都の研修医はこの制度が採用されてから2割も減りました。厚労省が発表しているデータを見ればすぐにわかる嘘を言う小川氏も小川氏なら、調べもしないで小川氏の要望を擁護する大新聞の記者たちの無能ぶりもよくわかる話ですが。

鳥集　これは大きな地殻変動ですよね。協議会のHPを見る限り、研修医の大学病院離れはどんどん進んでいます。ただし、

んでいます。

院にとどまるとは限りません」

彼らがそのまま研修先の病院にとどまるとは限りません。２年間の初期研修を終えた後は、自分で決めた専門分野で学ぶために同じ病院や他の病院で専門的な後期研修を受ける者もいれば、大学院生として出身大学や有名大学の医局に入り直して、博士号を取るための研究を行う医師もいます。

とはいえ、徐々にではありますが、こうしてバラエティに富んだ研修医の存在が、相撲部屋然としていた医局制度のあり方に風穴を開けていくことは間違いありません。

和田　新制度の施行以来、大学の医局は慢性的な人手不足に悩まされています。今、ほとんどの大学病院で研修医は定員割れです。東大病院も定員割れですよ。

さらに東大病院においては、２０１９年度のデータを見ると、大学病院における自大学出身者の比率が2割程度ととても低いことがわかります。先の役人の言葉を借りれば、「この情報化時代に、大学の名前にあぐらをかいてはいけない」ということ

「研修医の大学病院離れはどんどん進
ただし、彼らがそのまま研修先の病

都道府県	病院名	大学病院（施設別）募集定員	大学病院（施設別）マッチ者数	大学病院（施設別）定員充足率（%）	大学病院（施設別）自大学出身者数	大学病院（施設別）マッチ者に対する自大学出身者数の割合（%）
千葉県	帝京大学ちば総合医療センター	4	3	75.0	3	100.0
千葉県	東京女子医科大学附属八千代医療センター	13	10	76.9	4	40.0
東京都	順天堂大学医学部附属順天堂医院	56	41	73.2	12	29.3
東京都	日本大学病院	8	8	100.0	8	100.0
東京都	日本医科大学附属病院	52	50	96.2	39	78.0
東京都	東京慈恵会医科大学附属病院	41	41	100.0	13	31.7
東京都	北里大学北里研究所病院	3	2	66.7	0	0.0
東京都	東京大学医学部附属病院	109	99	90.8	22	22.2
東京都	東京医科歯科大学医学部附属病院	114	110	96.5	40	36.4
東京都	東邦大学医療センター大森病院	37	33	89.2	27	81.8
東京都	昭和大学病院	40	40	100.0	20	50.0
東京都	東邦大学医療センター大橋病院	18	18	100.0	10	55.6
東京都	慶応義塾大学病院	60	60	100.0	15	25.0
東京都	東京医科大学病院	45	44	97.8	30	68.2
東京都	東京女子医科大学病院	59	36	61.0	14	38.9
東京都	日本大学医学部附属板橋病院	52	48	92.3	43	89.6
東京都	帝京大学医学部附属病院	36	25	69.4	22	88.0
東京都	東京女子医科大学東医療センター	15	14	93.3	6	42.9
東京都	東京慈恵会医科大学葛飾医療センター	11	11	100.0	10	90.9
東京都	昭和大学江東豊洲病院	13	13	100.0	8	61.5
東京都	東京医科大学八王子医療センター	14	14	100.0	10	71.4
東京都	日本医科大学多摩永山病院	3	3	100.0	3	100.0
東京都	杏林大学医学部付属病院	66	63	95.5	43	68.3
東京都	東京慈恵会医科大学附属第三病院	24	20	83.3	19	95.0
東京都	国際医療福祉大学三田病院	5	5	100.0	0	0.0
東京都	東海大学医学部付属八王子病院	3	3	100.0	3	100.0
東京都	順天堂大学医学部附属練馬病院	37	36	97.3	21	58.3

大学病院（施設別）における自大学出身者の比率 2019 年度
※医師臨床研修マッチング協議会調べ

都道府県	病院名	大学病院（施設別）募集定員	大学病院（施設別）マッチ者数	大学病院（施設別）定員充足率（%）	大学病院（施設別）自大学出身者数	大学病院（施設別）マッチ者に対する自大学出身者数の割合（%）
北海道	北海道大学病院	38	26	68.4	10	38.5
北海道	札幌医科大学附属病院	51	18	35.3	13	72.2
北海道	旭川医科大学病院	68	56	82.4	56	100.0
青森県	弘前大学医学部附属病院	45	8	17.8	6	75.0
岩手県	岩手医科大学附属病院	40	12	30.0	12	100.0
宮城県	東北大学病院	44	28	63.6	6	21.4
宮城県	東北医科薬科大学病院	24	17	70.8	0	0.0
秋田県	秋田大学医学部附属病院	16	4	25.0	4	100.0
山形県	山形大学医学部附属病院	50	23	46.0	21	91.3
福島県	福島県立医科大学附属病院	42	14	33.3	10	71.4
福島県	福島県立医科大学会津医療センター附属病院	3	3	100.0	3	100.0
茨城県	東京医科大学茨城医療センター	8	4	50.0	4	100.0
茨城県	筑波大学附属病院	92	54	58.7	29	53.7
栃木県	自治医科大学附属病院	59	43	72.9	0	0.0
栃木県	獨協医科大学病院	59	56	94.9	50	89.3
栃木県	国際医療福祉大学病院	19	7	36.8	0	0.0
群馬県	群馬大学医学部附属病院	40	10	25.0	6	60.0
埼玉県	獨協医科大学埼玉医療センター	50	48	96.0	17	35.4
埼玉県	自治医科大学附属さいたま医療センター	29	29	100.0	0	0.0
埼玉県	埼玉医科大学総合医療センター	60	33	55.0	27	81.8
埼玉県	埼玉医科大学病院	55	34	61.8	30	88.2
埼玉県	北里大学メディカルセンター	8	6	75.0	6	100.0
埼玉県	埼玉医科大学国際医療センター	16	5	31.3	3	60.0
千葉県	千葉大学医学部附属病院	52	42	80.8	16	38.1
千葉県	順天堂大学医学部附属浦安病院	46	34	73.9	27	79.4
千葉県	東京慈恵会医科大学附属柏病院	28	23	82.1	14	60.9
千葉県	日本医科大学千葉北総病院	12	9	75.0	4	44.4
千葉県	東邦大学医療センター佐倉病院	19	19	100.0	17	89.5

都道府県	病院名	大学病院（施設別）募集定員	大学病院（施設別）マッチ者数	大学病院（施設別）定員充足率（%）	大学病院（施設別）自大学出身者数	大学病院（施設別）マッチ者に対する自大学出身者数の割合（%）
大阪府	関西医科大学総合医療センター	7	7	100.0	5	71.4
大阪府	近畿大学病院	35	33	94.3	19	57.6
大阪府	大阪市立大学医学部附属病院	66	66	100.0	32	48.5
大阪府	関西医科大学附属病院	44	44	100.0	31	70.5
兵庫県	神戸大学医学部附属病院	71	69	97.2	20	29.0
兵庫県	兵庫医科大学病院	59	56	94.9	45	80.4
奈良県	奈良県立医科大学附属病院	57	57	100.0	44	77.2
奈良県	近畿大学奈良病院	10	10	100.0	7	70.0
和歌山県	和歌山県立医科大学附属病院	80	59	73.8	43	72.9
鳥取県	鳥取大学医学部附属病院	44	12	27.3	10	83.3
島根県	島根大学医学部附属病院	30	5	16.7	5	100.0
岡山県	川崎医科大学総合医療センター	25	12	48.0	10	83.3
岡山県	岡山大学病院	46	42	91.3	18	42.9
岡山県	川崎医科大学附属病院	50	43	86.0	41	95.3
広島県	広島大学病院	63	35	55.6	22	62.9
山口県	山口大学医学部附属病院	24	10	41.7	10	100.0
徳島県	徳島大学病院	27	14	51.9	7	50.0
香川県	香川大学医学部附属病院	48	31	64.6	31	100.0
愛媛県	愛媛大学医学部附属病院	56	29	51.8	24	82.8
高知県	高知大学医学部附属病院	49	9	18.4	7	77.8
福岡県	福岡大学病院	45	30	66.7	19	63.3
福岡県	九州大学病院	65	56	86.2	16	28.6
福岡県	福岡大学筑紫病院	2	2	100.0	2	100.0
福岡県	久留米大学病院	39	33	84.6	22	66.7
福岡県	産業医科大学病院	11	9	81.8	5	55.6
福岡県	久留米大学医療センター	2	0	0.0	0	0.0
佐賀県	佐賀大学医学部附属病院	50	32	64.0	31	96.9
長崎県	長崎大学病院	55	53	96.4	26	49.1
熊本県	熊本大学病院	44	20	45.5	10	50.0
大分県	大分大学医学部附属病院	48	42	87.5	36	85.7
宮崎県	宮崎大学医学部附属病院	50	28	56.0	23	82.1
鹿児島県	鹿児島大学病院	48	36	75.0	33	91.7
沖縄県	琉球大学医学部附属病院	31	16	51.6	14	87.5
	計	4,653	3,513	75.5	2,143	61.0

都道府県	病院名	大学病院（施設別）募集定員	大学病院（施設別）マッチ者数	大学病院（施設別）定員充足率（%）	大学病院（施設別）自大学出身者数	大学病院（施設別）マッチ者に対する自大学出身者数の割合（%）
神奈川県	昭和大学藤が丘病院	25	25	100.0	18	72.0
神奈川県	聖マリアンナ医科大学横浜市西部病院	7	5	71.4	5	100.0
神奈川県	公立大学法人横浜市立大学附属病院	54	37	68.5	7	18.9
神奈川県	横浜市立大学附属市民総合医療センター	54	54	100.0	11	20.4
神奈川県	帝京大学医学部附属溝口病院	11	8	72.7	7	87.5
神奈川県	聖マリアンナ医科大学病院	49	45	91.8	40	88.9
神奈川県	日本医科大学武蔵小杉病院	14	14	100.0	12	85.7
神奈川県	東海大学医学部付属病院	54	42	77.8	39	92.9
神奈川県	北里大学病院	50	49	98.0	44	89.8
神奈川県	昭和大学横浜市北部病院	25	25	100.0	16	64.0
新潟県	新潟大学医歯学総合病院	51	11	21.6	4	36.4
富山県	富山大学附属病院	37	21	56.8	19	90.5
石川県	金沢医科大学病院	61	37	60.7	34	91.9
石川県	金沢大学附属病院	40	37	92.5	29	78.4
福井県	福井大学医学部附属病院	56	17	30.4	16	94.1
山梨県	山梨大学医学部附属病院	42	36	85.7	33	91.7
長野県	信州大学医学部附属病院	45	20	44.4	12	60.0
岐阜県	岐阜大学医学部附属病院	36	23	63.9	18	78.3
静岡県	順天堂大学医学部附属静岡病院	29	29	100.0	21	72.4
静岡県	浜松医科大学医学部附属病院	40	32	80.0	21	65.6
静岡県	国際医療福祉大学熱海病院	9	9	100.0	0	0.0
愛知県	名古屋大学医学部附属病院	23	11	47.8	1	9.1
愛知県	名古屋市立大学病院	42	33	78.6	11	33.3
愛知県	藤田医科大学ばんたね病院	5	5	100.0	5	100.0
愛知県	愛知医科大学病院	32	30	93.8	29	96.7
愛知県	藤田医科大学病院	33	33	100.0	27	81.8
三重県	三重大学医学部附属病院	30	21	70.0	16	76.2
滋賀県	滋賀医科大学医学部附属病院	45	38	84.4	31	81.6
京都府	京都大学医学部附属病院	80	80	100.0	30	37.5
京都府	京都府立医科大学附属病院	62	62	100.0	42	67.7
京都府	京都府立医科大学附属北部医療センター	3	3	100.0	1	33.3
大阪府	大阪大学医学部附属病院	61	50	82.0	12	24.0
大阪府	大阪医科大学附属病院	56	56	100.0	28	50.0

でしょう。

その一方で、たとえば、千葉の鴨川という、決して都会とは言えない立地の亀田総合病院*の倍率は、毎年2倍前後になっています。臨床をちゃんとやっている病院には、研修医はちゃんと集まるのです。いずれ患者の集まり具合も、単なるブランド志向ではなく、同じように変わっていくことでしょう。亀田総合病院の外来の待合室の賑《にぎ》わいを覗《のぞ》けば、もはやそういう流れになっていることがわかります。くだらない病院ランキングより、研修医の集まり具合を見るほうが、臨床の質がわかると思います。

東大医学部が、国家試験の合格率55位の謎

鳥集　教授の支配力が弱まったとはいえ、医局講座制による権力構造が完全に崩れるのは、まだまだ時間がかかるでしょう。

亀田総合病院
1948年設立。千葉県鴨川市を中心に、各地に展開する亀田メディカルセンターの中核として機能する私立病院。95年より世界に先駆けて電子カルテシステムの本格運用を開始するなど、時代に先駆けた取り組みをすることで知られる。

しかし伝統校を出なくても、本人の努力次第で、就職差別的な医局の壁を打ち破れる可能性が出てきたのは事実です。今後、医師は「どこの大学を出たか」ではなく、臨床技術や研究者としての実力で評価される傾向がより強くなるでしょう。

それに関連することですが、私は、昨年（２０１９年）文春オンラインに、〈なぜ日本最難関の東大医学部が、医師国家試験*で合格率「55位」なのか〉という記事を書きました。

全大学・全学部のなかで最高の英才たちが集まる東大医学部の合格率が全国平均と同じ、普通レベルになってしまうのです。順位も中の下で55位。受験が最も得意なはずの東大医学部の人たちは何をしているのだろう？　どうして国試ではこんなにもふるわないのだろう？　と誰もが不思議に思うでしょう。それには、いろいろな理由が考えられると思います。

まず、東大をはじめとする旧七帝大*のような伝統ある大学では、国試対策の授業やテストをほとんど行いません。旧七帝大は事実上、医学研究者や教育者、学会リーダーの育成機関とし

医師国家試験
医師になるためには、医師国家試験をパスし、厚生労働大臣から医師としての免許を受ける必要がある。医師国家試験に合格すると、医籍に登録されて、医師免許証が交付される。

旧七帝大
旧七帝大とは、戦前、日本の国立総合大学だった北海道大学、東北大学、東京大学、名古屋大学、京都大学、大阪大学、九州大学の7校をまとめた大学群のこと。旧帝國大学、七帝大などの呼ばれ方をしている。

順位	学校名	合格率	合格率のうち 新卒 既卒
17位	藤田医科大学医学部 （藤田学園保健衛生大学、名古屋保健衛生大学を含む）	93.8	96.5 71.4
18位	大阪市立大学医学部	93.7	97.8 20.0
19位	信州大学医学部	93.4	95.7 57.1
20位	和歌山県立医科大学	93.3	93.9 83.3
21位	琉球大学医学部	93.0	94.8 78.6
21位	日本医科大学	93.0	94.8 83.3
21位	北里大学医学部	93.0	95.0 62.5
24位	千葉大学医学部	92.8	93.9 71.4
25位	岐阜大学医学部	92.5	96.9 50.0
26位	東京医科大学	92.1	92.7 75.0
26位	近畿大学医学部	92.1	95.1 63.6
28位	秋田大学医学部	91.9	95.1 58.3
28位	山梨大学医学部 （山梨医科大学を含む）	91.9	94.2 63.6
30位	名古屋大学医学部	91.7	94.6 55.6
30位	徳島大学医学部	91.7	95.0 61.5
32位	大阪医科大学	91.5	93.7 57.1
33位	佐賀大学医学部 （佐賀医科大学を含む）	91.4	92.0 80.0

2019年医師国家試験合格率大学別ランキング

順位	学校名	合格率	合格率のうち 新卒 既卒
1位	自治医科大学	99.2	100.0 0.0
2位	順天堂大学医学部	98.4	99.2 75.0
3位	横浜市立大学医学部	97.7	97.6 100.0
4位	東京慈恵会医科大学	97.4	98.2 75.0
5位	筑波大学医学群	96.7	97.4 85.7
6位	東京医科歯科大学医学部	96.5	97.2 83.3
7位	聖マリアンナ医科大学	96.0	96.6 87.5
8位	杏林大学医学部	95.7	97.3 60.0
9位	愛媛大学医学部	95.5	96.1 88.9
9位	金沢大学医薬保健学域	95.5	96.2 83.3
11位	浜松医科大学	95.4	96.0 80.0
11位	札幌医科大学	95.4	98.0 66.7
13位	慶應義塾大学医学部	94.8	96.4 50.0
14位	滋賀医科大学	94.4	96.6 66.7
15位	東北大学医学部	94.0	95.8 57.1
15位	兵庫医科大学	94.0	93.3 100.0

順位	学校名	合格率	合格率のうち 新卒 既卒
51 位	山口大学医学部	89.3	95.3 42.9
51 位	香川大学医学部 （香川医科大学を含む）	89.3	93.2 57.1
51 位	東京女子医科大学	89.3	92.0 55.6
55 位	東京大学医学部	89.0	92.2 58.3
56 位	鹿児島大学医学部	88.5	94.4 40.0
57 位	産業医科大学	88.4	89.6 66.7
58 位	愛知医科大学	88.1	94.4 27.3
59 位	北海道大学医学部	88.0	96.2 45.0
59 位	九州大学医学部	88.0	89.4 70.0
61 位	奈良県立医科大学	87.9	92.2 25.0
62 位	川崎医科大学	87.6	88.6 80.0
63 位	久留米大学医学部	87.5	88.8 80.0
64 位	島根大学医学部 （島根医科大学を含む）	87.3	88.7 75.0
65 位	広島大学医学部	86.5	88.7 55.6
66 位	東海大学医学部	86.2	89.8 65.0
67 位	熊本大学医学部	86.1	89.7 45.5
68 位	防衛医科大学校	86.0	92.1 40.0
69 位	旭川医科大学	84.9	86.5 50.0

順位	学校名	合格率	合格率のうち 新卒 既卒
34位	富山大学医学部 （富山医科薬科大学を含む）	91.3	95.7 45.5
34位	東邦大学医学部	91.3	94.0 25.0
34位	名古屋市立大学医学部	91.3	92.9 66.7
37位	三重大学医学部	91.2	93.3 50.0
38位	昭和大学医学部	91.9	97.4 0.0
38位	関西医科大学	91.9	92.0 81.8
40位	弘前大学医学部	91.0	98.3 33.3
40位	群馬大学医学部	91.0	95.3 60.0
40位	高知大学医学部 （高知医科大学を含む）	91.0	93.8 60.0
43位	神戸大学医学部	90.8	95.5 33.3
44位	岡山大学医学部	90.7	94.3 28.6
45位	大阪大学医学部	90.6	95.1 57.1
46位	新潟大学医学部	90.5	96.4 50.0
47位	福島県立医科大学	90.4	91.6 33.3
48位	京都府立医科大学	90.2	94.2 66.7
49位	鳥取大学医学部	90.1	94.6 33.3
50位	京都大学医学部	89.8	93.6 37.5
51位	山形大学医学部	89.3	91.4 66.7

順位	学校名	合格率	合格率のうち 新卒 既卒
69位	埼玉医科大学	84.9	85.2 82.4
71位	日本大学医学部	84.6	84.3 87.5
72位	大分大学医学部 （大分医科大学を含む）	84.4	89.9 38.5
73位	獨協医科大学	84.1	86.8 70.8
74位	宮崎大学医学部 （宮崎医科大学を含む）	83.7	85.2 73.3
75位	長崎大学医学部	83.6	88.1 42.9
76位	福井大学医学部 （福井医科大学を含む）	81.6	84.5 60.0
77位	金沢医科大学	81.0	84.9 65.2
78位	帝京大学医学部	78.1	83.1 50.0
79位	岩手医科大学	74.1	81.2 48.6
80位	福岡大学医学部	71.9	75.2 54.5

が重箱の隅をつつくような

ての役割を担ってきました。なので、国試を前提とした教育には力を入れてこなかったのです。

現役時代から国試予備校に通うような人も、プライドの高い旧七帝大の学生では少ないはずです。そんな予備校に通わなくても、自分の力で受かるはずだと思っているでしょうから。つまり、ほとんど自助努力で国試に挑むことになるために、一定数が落ちてしまうと考えられます。

和田　さらに言えば、旧七帝大は伝統という名のプライドからか、カリキュラム自体が旧態依然としているところがあります。偉い教授の意向を反映しがちなので、授業内容にその教授の専門分野だけというような偏りが出るのです。アメリカではかなり統一したカリキュラムがあります。日本でもコア・カリキュラム（以下コアカリ）ができましたが、アメリカのものと比べるとまだまだだと感じます。

「臨床をろくに知らない医学部の教授が試験問題を作っているわけです」

鳥集　また、臓器、器官、骨、神経、血管、組織等の名前を細かく記憶しなければならない解剖学が典型ですが、医学というのは、大量暗記を求められることの多い学問です。難しい問題を工夫して自力で解くことに快感を覚えるような高偏差値の人のなかには、大量暗記を馬鹿らしく思ってしまう学生もいるのではないかと。東大生や京大生でも、国試浪人したのに再度落ちてしまう人が毎年一定数います。あげく医師になれないで終わる人がいるのです。

和田　その見方は正しいでしょうね。国家試験の合格率が高い医学部は、きちんと大学が対策をしてくれているわけです。国家試験だって、入試と同じで過去問をやらなければ意味がないのです。しかし、その国家試験自体に、問題があると私は思っています。

海外の医師国家試験は、ほぼ臨床をやっているドクターが問題を作っていますが、日本においては、未だに国家試験というのはそのほとんどが、臨床をろくに知らない医学部の教授が重箱の隅をつつくような試験問題を作っているわけです。本当は、がんの問題ならばがんセンターの部長とか、循環器の問題ならば循環器病センターの人が、リアルな内容の問題を作成すればいいはずです。だけど日本では、そういうことは許されていません。だから、実際に医者になったときに、役に立たない問題がたくさんありました。現在は、臨床のリアルな症例に基づいたD問題とかE問題とかが出てきて改善されつつありますが。

私が受けた当時の国家試験というのは、先述の通り、要するに過去問を愚直にやっている奴は受かるし、やっていない奴は落ちるという、ただそれだけの試験だったのです。しかし、その事実にさえ、遊び過ぎていた私は気がつかなかった。今思えば不思議なもので、人間というのは、優等生のときは優等生の発想ができるんです。灘の高3の頃は、理Ⅲは440点満点で290点を取ればいいんだという発想ができたのに、劣等生になると、そういう発想ができなくなっていた。ただただ、朝倉*

朝倉書店の『内科学』
現在第11版を重ねる、医師国家試験問題基準の内科関連項目を網羅する参考書。

書店の「内科学」を一生懸命読むとかね。医師国家試験を前にして私は、馬鹿な受験生そのものでしたから……。

ここは誤解されたくないので恥を忍んで言っておきましょう。灘高に入ったときから頭がいいという自覚もなかった私は、東大生になっても真面目に授業も出ずに、サブカル系雑誌ライターの仕事や映画の現場の使い走りなど、勉強以外に精を出していたため、気づけば、医師国家試験の不合格が確実視されていました。

東大理Ⅲは、毎年3〜4人が医師国家試験に落ちています。たいていが心の病気が理由で不合格になっているのですが、私の場合は、遊びが過ぎたという情けない理由で、国家試験の模試で不合格判定されたのです。そのときに灘の同級生で一番の秀才だった伊佐正氏*が「和田、お前、このままじゃ落ちるで」と言って、勉強会に誘ってくれたのです、そこで過去問をやる意味を認識させられた。ありがたかったですね。

*伊佐正
いさ ただし。灘高卒、1985年東京大学医学部卒。医学博士。専門は運動制御の中枢機構、意識・注意の脳内メカニズム、脳・脊髄損傷からの機能回復機構など。京都大学大学院医学研究科医学専攻教授、京都大学医学研究科脳機能総合研究センター長、京都大学高等研究院ヒト生物学高等研究拠点副拠点長など歴任。

鳥集　高3のときは自ら戦術的な勉強法を生み出した和田さんが……。またもや同級生のノートで助けられたということですか。

和田　そうなんです。その勉強会に出てみると、みんなで過去問ばかりをひたすら解いているのがわかりました。特別に高度な勉強法をやっているかと思いきや、ただ、ひたすらに。そして、勉強するのは問題に出たところの周囲の知識ばかり。それを知って、私も勉強法がわかって、無事に国家試験に合格することができました。

鳥集　追い詰められるほど、周囲が見えなくなってしまうのでしょうね。しかしこれは和田さんに限ったことではなく、東大理Ⅲの入試の段階で日本一偏差値が高かったはずなのに、国試で苦労するという人も少なからずいるわけですよね。

和田　確かに理Ⅲの人間には、今さら丸暗記の勉強なんて馬鹿馬鹿しくてやってられないよ、と考える人もいるでしょう。

鳥集　もっとも、国家試験合格率の高さと優秀な医師を輩出している大学というのはイコールとは限りません。以前、ある合格率が高い私立大医学部の名誉教授がこう話してくれました。「合格率が高いのは、早々と臨床実習を切り上げて、6年生になったら国試対策ばかりをやっているからだ。でも、本当にこれが医師になるための教育？　と疑問に思う。実際の臨床は座学では教えられません。医師を育てるための本来の教育が欠けているように感じる」と。

国試合格率が7割を切ると、補助金（大学院高度化推進特別経費）がカットされる恐れもありますから、特に歴史の浅い私立大学では学生に国試対策の勉強ばかりさせて、試験も国試の形式で出すそうです。そして、国試に受かりそうにない学生は卒業させず、国試を受けさせない。成績のいい学生だけに絞って

る教授が多いため、

かしない教授も多かった」

国試を受けさせるので、見かけの合格率が一定以上に維持できているのです。私立大学のなかには、１００人単位で「国試浪人」が溜《た》まっているところもあると聞きました。

和田　一方の東大は、マニアックな研究をしている教授が多いため、国試対策どころか、趣味的な講義しかしない教授も多かったのです。つまり、講義自体が国家試験に対応できていないのです。当時はコアカリがなかったので、かなり偏っていましたよ。それはそれで、先程も申し上げたように刺激的ではありましたがね。

鳥集　コアカリというのは、２００１年に文科省が出した「医学教育モデル・コア・カリキュラム」のことですね。それまでは、医学部によって教える内容にバラつきがありました。たとえば、国立大学では座学が中心で臨床教育を軽視しているという批判がある一方で、一部の大学では医学生にお産を手伝わせ

「東大は、マニアックな研究をしてい
国試対策どころか、趣味的な講義し

るようなこともあったといいます。

また、先の話でも出たように、歴史の浅い私大では臨床実習をほどほどにして国試対策にばかり力を入れるところも多かったのです。こうした状況を打破するため、どの大学の医学部を出ても最低限必要な知識・技能・倫理を身につけられるように医学教育の内容を標準化しようというのが目的でした。さらに、コアカリは「よき臨床医」を育てることに主眼を置いています。今までこうした取り組みがなかったのが不思議なほどです。

これにより、医学部がより「職業訓練校」と化したと批判する向きもあるようです。確かに各大学には「良医を育てる」「医学のリーダーを養成する」といった理念の違いがあります。東大医学部のＨＰには、このように書かれています。

〈東京大学医学部の目的は生命科学・医学・医療の分野の発展に寄与し、国際的指導者になる人材を育成することにある。すなわち、これらの分野における問題の的確な把握と解決のため

医学・医療の分野の発展に寄与し、国

とにある」

に創造的研究を遂行し、臨床においては、その成果に基づいた全人的医療を実践しうる能力の涵養《かんよう》を目指す〉

つまり、東大医学部生は、国家試験は自助努力でなんとかしなさい、東大生なら自分たちでできるでしょ？　ということなのでしょう。

東大医学部教授は、教えることより政治が好き

和田　東大に限らず、日本の医学部は昔から「研究重視、臨床軽視」と言われていました。最近になってようやく東大も、多少は臨床ができる人を教授にするようになりました。特に外科系は、私立大学では病院経営の観点からも腕のいいドクターを引っ張ってきて、教授職に置くという動きも見られます。

しかしながら、未だにティーチングスキルが評価されて医学部教授に選ばれた人というのは聞いたことがありません。教授

「東京大学医学部の目的は生命科学・
際的指導者になる人材を育成するこ

とは、そもそも学生に学問を教える人間です。プロ野球でいえば、一流のバッターが必ずしも監督として優秀ではないのは誰でも知っていますよね。しかし、東大医学部はそれを知らないらしいのです。自慢じゃないですが、私はまともな研究をしたことはないけれど、精神医学を教える能力は決して低くはないと思います。精神分析以外もわりと詳しいし、生物学的精神医学も一通り論文を読んでいますからね。ティーチングスタッフとして教授を選ぶという動きが今後あれば、私は候補に入ってもおかしくないわけです。

国家試験対策というのは、知識が標準化されるだけであって技能の標準化にはつながりません。特に東大医学部の場合は、「教える」のに熱心でない人が多過ぎます。ただ、東大は、日本で唯一、教養学部が機能している大学ではあります。そこは救いですね。

鳥集　東大は1~2年生の教養課程を駒場キャンパスで学び、

３年生の専門課程に進むと、本郷に移動します。しかし、教養学部だけは、駒場に留まります。

和田　本郷キャンパスは、かつての東京帝國大学の影響を強く残しているからヒエラルキーが強い。一方、駒場キャンパスというのは、もともと第一高等学校*だったところです。だから、教養学部の教授だけは昔から東大ヒエラルキーの外にいました。かつては教授間で馬鹿にされていたこともありましたが、今は、教養学部は本郷とは別のプライドを持ち、しっかりとした教育が行われるようになったようです。これには、１９９７年に教養学部教授だった蓮實重彦氏*が東大総長になったことも大きく関係しています。

鳥集　しかし現在は、医学部生も予習復習をかなりしないと、進級すらもままなりません。コアカリが導入されたことによって、医学部は１年目から医学教育を結構やり始めますよね。

第一高等学校
目黒区駒場にあった旧制高校。東京英語学校と東京開成学校普通科を併合した東京大学予備門を前身として1886年に第一高等中学校として発足、1894年に第一高等学校に改称。1949年に東京大学教養学部となる。略称は「旧制一高」。

蓮實重彦
はすみ しげひこ。1960年東京大学文学部仏文学科卒。文芸・映画評論家、小説家。85年映画雑誌「リュミエール」の創刊編集長、97年から2001年まで第26代東京大学総長。

和田　それはそれで、私はダメだと思っています。つまり教養課程なるものがあって、哲学であろうが歴史であろうが医学であろうが、モノの考え方をまず教えてもらう必要がある。たとえば船曳健夫*氏のように、モノの考え方について根本から教えてくれる先生を輩出しているのは、駒場のほうなのです。

東京大学駒場キャンパスでは、2008年には、教養学部前期課程に通う生徒を対象に、「初年次活動センター」という施設ができました。心理教育プログラム、学習相談、初年次活動に関するゼミ、教職員と学生との昼食会など、新入生に対して落ちこぼれを出さないよう細やかなケアができるような取り組みです。

東大の良心は今、駒場にあると言っていいでしょう。本郷にいる教授たちは、教育より学内政治に熱心ですからね。しかも、医学部の場合は臨床よりも研究を大切にしなければ、その政治の世界にも参加できないわけです。

船曳健夫　ふなびき たけお。1972年東京大学教養学部卒、ケンブリッジ大学大学院社会人類学博士課程修了。専門は文化人類学。東京大学大学院総合文化研究科教授を2020年に定年にて退官。

鳥集 一方、私立医大は伝統的に臨床能力が重視される傾向にあります。もともと研究至上主義で学会を牛耳ってきた旧七帝大に対抗して、臨床医の育成を目的に設立されたのが慶応義塾大学、東京慈恵会医科大学、日本医科大学のいわゆる「私立御三家」です。

特に、東大出身ながら母校の教授と折り合いの悪かった北里*柴三郎を初代の医学部長・病院長として大正6年に設立された慶応大学医学部は、現在でも何かと東大に対抗意識を持っています。医学部生の4割は慶応義塾高校などからの内部進学のため、東大医学部卒よりも仲間意識も結束力も強いですね。慶応大の医師は東大の医師よりも優秀だと言う人は未だ多く、70年代から80年代にかけては、受験偏差値が一時的に東大理Ⅲを上回ったこともあります。

独自のプログラムでも知られており、慶応は1年生ではほとんど医学を教えないそうです。医学部のある信濃町キャンパス

北里柴三郎
1853年生まれの医師。74年に東京医学校（現東京大学医学部）に入学、予防医学を志す。ドイツ留学中に破傷風菌の純粋培養に成功し、その免疫抗体も発見。血清療法を確立したことで世界的に認められる研究者となった。帰国後には伝染病研究所を設立。その後、北里研究所、1917年には慶應義塾大学医学科を創設した。

ではなく、１年目は日吉キャンパスで他学部生とともに物理学や第二外国語、社会学等をしっかり教えて、人間性を高めるというのが慶応大学の方針です。

ただし、週に1度、「メディカルプロフェッショナリズム」といって、１年次には倫理学や法学、心理学の基礎、２年次には医療制度や医療政策の基礎を、３年次には研究の倫理的基礎、4年次には臨床研究における倫理、医療コミュニケーション、医師としての在り方、５年次には医師としての心構えや社会的役割、終末期医療における法的課題と医師の取るべき行動などのテーマをグループワークで、６年次は5年次の課題をさらに深めていくという一貫したプロフェッショナル教育を２０１４年から始めています。

和田　慶応のような独自の取り組みをする私大の医学部はこれから増えていくことでしょう。今まで、職業倫理を教える医学部は日本には皆無でしたからね。

私は、アメリカのカール・メニンガー精神医学校*というところで国際フェローとして学んでいた時期がありましたが、そのときにティーチングスキルの大切さを知りました。厚労省と文科省が制度だけを変えたところで、医学部の教育改革は行われないのです。医学部教授それぞれに、教える技術を身につけさせないと。

鳥集　アメリカの大学では、教授のティーチングスキルも評価対象になるからですよね。生徒が一人ひとり教授を検証して点数化されるわけです。日本でも、多少は大学でやり始めているのでしょうが、まだまだですね。学生側も、「面白い話をしてくれた」とか、「テストが簡単だった」とか、生徒に対して甘い教授を評価しがちになってしまう。学生に阿《おもね》る教授の評価が高くなるのは、本当のティーチングスキルではありません。

和田　確かに日本の大学生は総じて幼稚ですからね。日本の医

カール・メニンガー精神医学校
アメリカの精神科医・精神分析学者カール・アウグストゥス・メニンガーが、１９４５年に創設した精神医学校。精神分析的治療と教育の中心として力動精神医学の発展に大きく貢献したとされる。

学部は今こそ、本当の意味でのティーチングスキルが問われているのです。
たとえば精神科医は、DSM*を使うまでは、どこの医局の出身かで、同じ患者さんを診ても診断名がみんな違っていたと思います。躁うつ病も統合失調症も実は同じ病気なのだと教える医局もあれば、差別につながるからと診断を極力しない医局もありました。まあ、今も似たようなことは起こっていますが。
一方、外科の手術はがん治療におけるガイドライン*が確立してから概ねスタンダード化されたかもしれないけど、こと精神科だったら……その医者がどこの医局を出ているかによって治療の方法が180度も変わってきてしまう。東大の画像診断の研究で選ばれたとされる精神科の教授は研修医に向かって、「患者の話なんか聞くから、診断を間違えるんだ！　画像だけを見ていろ！」という暴言を研修医に吐いたという話を松沢病院の先生に聞いたことがあります。その暴言を吐かれた研修医は、東大に失望して松沢病院に移ったそうです。

DSM
アメリカ精神医学会が出版している、精神疾患の診断基準・診断分類のこと。正式名称は「精神疾患の診断・統計マニュアル（Diagnostic and Statistical Manual of Mental Disorders）」といい、その頭文字を略してDSMと呼ぶ。

がん治療におけるガイドライン
日本癌治療学会が策定しているもので、国民がどこでも安心して標準的ながん診療を受けられるようにしたもの。がんの種類別に標準的な治療方法を明記している。

鳥集　昔の東大医学部は、「病棟回診なんかするな、そんな暇があったら論文を書け」と言う教授もいたそうですね。

和田　私もそれは聞いたことがあります。あと、有名な事件としては、マーロックス静注事件というものがあります。マーロックスとは消化性潰瘍、つまり胃から血が出たときに、鼻から挿管して使う薬です。あるとき、東大病院に入院していた患者さんが胃から出血した。研修医がそれを見つけたんだけど、病棟にいるべき指導医は、研究室に籠《こも》っている。

どうすればいいですか？　と慌てて研究室に電話した研修医に、その指導医は「マーロックスでも入れておけ」と言った。研修医はその薬を使ったことがなく、鼻から挿管するものだと教わっていなかった。それで、静脈注射で薬を注入し、その患者さんが亡くなってしまったんです。当時、東大病院の内科にいた人はみんな知っているはずです。

松沢病院
東京都立松沢病院。世田谷区にある精神科を中心とした総合病院。都民のための精神医療センターとして質の高い精神科および身体科医療を提供、地域住民に親しまれる、患者中心の医療・看護を目指しているという。

鳥集　しかしマスコミが知らないということは、その事件は医局内でもみ消されたわけですよね？　誰も責任を取っていないのでしょう。その研修医は一生トラウマでしょうね。そんなことを指導医から言われたら、学生たちだって臨床医になるモチベーションは当然落ちてしまうでしょう。

和田　マスコミに出ないどころか、多分、あの群大事件*と同じように、医療事故であることもご遺族には説明していないはずです。突然胃から血が出て、急変されましたと伝えて終わりでしょう。東大病院でも難しいケースだから、他の病院でも亡くなっていたと思いますと諭されて泣き寝入りでしょう。だけどその事件は、噂《うわさ》になった。もちろん、その指導医は責任を取らされていないし、病院長は知らんぷりです……。

これも東大の七不思議なんですけれど、普通の病院ならば、一人の指導医の時期というのはとても忙しいはずなんです。

郡大事件
群馬大学医学部附属病院での医療事故のこと。２０１１年から14年にかけて腹腔鏡を使った高難度の肝臓手術を受けた患者１００人のうち、少なくとも8人が死亡していた。8人を執刀したのはいずれも第二外科の同じ医師で、これらの手術は事前に病院の倫理審査を受ける必要があったにもかかわらず、申請されていなかった。

導医が研修医を3、４人持ちますから。ところが東大医学部の場合は、指導医の時期に書いた論文が多かった奴ほど教授になれるわけです。つまり、指導をおざなりにした人ほど得をするんです。

鳥集　中堅になって指導医をやることによって、本来なら臨床の実力がつくはずで、人を教えることで自分の知識も高まる、いいポジションなのに。

和田　本来ならね。いろんな知識と経験を積める時期ですよ。指導医というのは原則、助手の立場ですから。

鳥集　指導医が助手というのは、身分としてはまだ不安定ですね。

和田　不安定というか、正規の国家公務員なので本来なら居座ろうと思えば、助手というのは一生居座れます。たとえば、アリナミンの有害性を研究し、販売禁止を訴えた高橋晄正《たかはしこうせい》*氏は、講師だったから好きな研究ができて好きなことが言えたのだと思います。要するに東大ならば国家公務員だから、身分の保障はされるのです。

鳥集　高橋氏は1960年代から30年近くにわたり、薬害などを研究する市民運動を行ったために教授間違いなしと言われていたのに、万年講師のまま昇進することができなかった医師です。

和田　東大病院では、研修医を指導する体制が整っていないということも言えます。私がいた東大病院の神経内科は、指導医がいつも側にいて丁寧に指導をしてくれたので恵まれていましたが、他の科では指導医が病棟にいることさえ少ない。指導医は何をしているかというと、研究室に籠って論文を書いている

高橋 晄正
たかはし こうせい。1941年東京帝國大学医学部卒。その後物療内科に入局。東京大学医学部講師。アリナミンが、効果もないのに医師のお墨つきをもらい、莫大な売り上げを記録していることに反対し、薬の効果を科学的に判定する必要があるという主張をしていた。2004年没。

のです。教授になるためには、医者としての実務訓練なんかより、論文を書いたほうがよほど近道ですからね。研修医だって、そんな指導医を見ているうちに、臨床を一生懸命やる意味がわからなくなってくるのは当然です。

しかし、私がその前に、老人科の研修医になったときには、バイトにかまけて何も教えてくれない指導医がいました。それで、あるとき教授カンファレンスでの質問に答えられなかったことがあります。教わっていないんだから答えようがないのですが、その指導医は、「おい！　昨日教えたじゃないか」と教授の前で平気でウソを言い、私がそのまま無言を貫いていたら、その回診が終わったあとに、「お前は俺に恥をかかせてくれたな！」と首を絞められて失神したことがありました。そいつはイシダという奴ですけど……その後、侍医になったらしいですよ。名前を出してもいいですよ。事実ですから。

鳥集　それは完全なるパワハラです。

和田　指導医はストレスを研修医にぶつけがちなのです。特に、当時の東大の老人科ではそれが顕著でした。

鳥集　そういう、首を絞められても甘んじて受け入れるような人しか出世していかないということですか？

和田　首を絞められて甘んじて受け入れる私のような人間は、医学部では出世しないです。

鳥集　では、そんなとき、どんな対応をすると出世できるのですか。

和田　首を絞められたことを担保にして、こんな不祥事が表に出れば困るでしょうと直々《じきじき》に教授に相談できる奴が出世します。

鳥集　本当に山崎豊子さんの『白い巨塔』*の世界ですね。

和田　山崎さんは本当によく取材されていて、『白い巨塔』は医療小説の金字塔だと思いますよ。もっとも、今の医学部教授らがどれくらいこの小説を読んでいるかは疑問ですが。ただ、山崎豊子さんはいくつか誤解しているところがあります。主人公の財前は外科手術の名医として書かれていますよね。でも、天才的外科医というのは、教授会から潰されることが常です。当時、モデルとされる阪大医学部にそんな天才外科医がいたとは思えません。それから、当時は偉い先生だけでなく、研修医のときから製薬会社の接待を受けるのが当たり前でした。阪大なら北新地だし、東大なら当然銀座です。医者しか行かないような高級クラブが必ずあります。

『白い巨塔』
山崎豊子による、大学医局制度の問題点や医学界の腐敗を追及した社会派長編小説。のちの東大紛争に影響を与えたとされる。数回にわたりテレビドラマ化、映画化されている。

製薬会社の接待漬けが、人間を狂わせる

鳥集　確かに、少し前まで、医学部教授をはじめ多くの医師たちが製薬会社から接待を受け、銀座や北新地で豪遊していました。しかし、メディアが批判を繰り返したこともあって、2012年に接待の規制が大きく変わり、「接待は原則禁止」*となりました。費用に上限が設けられています。医学部教授が製薬会社主催の講演会や薬のパンフレットの解説を書いて得た金銭的利益も、2013年からは製薬会社のHPで公表することが義務づけられました。しかし、抜け道はいくらでもあるようです。プロダクションに所属するなり、個人で会社を作ってしまえば個人名は出ません。

このあたりは、拙著『新薬の罠』*に詳しく書きました。しかし、医学生は今、もらえるのはせいぜいお弁当くらいでしょうね。今でも5、6年生が臨床実習に行くと、製薬会社から弁当が届いていているという光景はたまにあるようです。銀座に連れて

接待は原則禁止
「医療用医薬品製造販売業公正取引協議会」には、医療用医薬品の供給や販売をするにあたり、公正かつ自由な競争が行われるためのルールを守るための自主的な規制がある。2012年4月から、接待は原則禁止となった。具体的には、商談を伴う飲食は一人5000円まで、お茶菓子、お弁当などは一人3000円まで、立食パーティーなど情報交換会は一人2万円まで。ゴルフ、カラオケ、スポーツ観戦、2次会の提供は原則NGとなった。ただしあくまでもこれは自主規制であり、法的拘束力はない。

いってもらえるということは、もうさすがにないでしょう。それに今の若い子は、もう、銀座の高級クラブにありがたみを感じないかもしれませんね。みっちり研修を受けて疲れているので、そんな時間があるのなら家に帰って寝ていたい、と思うかもしれません。

和田　講演料をすべて愛人の銀行口座に入れていたツワモノもいたようですがね。しかし状況は変わりました。昔は、製薬会社が買ってくれた高級車で大学に通勤し、製薬会社の金で毎晩銀座に行き、広尾のガーデンヒルズに愛人を囲ってもらって……と『週刊新潮』に実名報道されても名誉毀損で訴えることがなかった医師もいましたから。私が東大にいた頃は、医局員10人が一晩に600万銀座で豪遊した、なんていうこともあった時代です。実名はあえて出しませんが、ファーストクラスのチケットをくれなければ学会に行かないとゴネる教授もいましたよ。

『新薬の罠 子宮頸がん、認知症…10兆円の闇』
鳥集徹著、2015年、文藝春秋刊。
日本最大のタブーとされてきた製薬会社、厚労省、大学病院の癒着により、巨額の金が医師に流れ込むさまを暴く一冊。第4回日本医学ジャーナリスト協会大賞を受賞。

そういう接待を要求するだけではなくて、たとえば、私が酷い話だなと思ったのは、私が国立水戸病院に勤務していた頃に聞いた話です。東京医大に阿見病院（現・東京医大茨城医療センター）というのがあるんですが、そこは、いろいろな大学医学部の教授になり損ねた人が教授の肩書をもらって行くことが多い病院なんです。つまり、コンプレックスの塊みたいな教授も多いわけです。その病院に行かされた名物教授で柔道が趣味の人がいたんです。それで、日曜日に早朝から製薬会社の人間がそいつに体育館に呼び出されて、毎週毎週、思い切り投げられていたという……。

鳥集　製薬会社から研究費や金品を受けることで、臨床研究などが製薬会社に有利に捻《ね》じ曲げられかねない状態にあることを「利益相反」と言います。なぜ、製薬会社と医師との経済的なつながりが情報公開されるようになったかというと、海外でも同じ問題が指摘され、米国でサンシャイン法*という利益相反の

サンシャイン法
医療保険改革制度（通称：オバマケア）の一環で策定された法律。製薬企業や医療機器メーカーなどに対し、医師に対する支払金額等の開示を求めている。

情報公開を義務づける法律ができたからです。
　しかし、製薬会社の社員が教授の雑用やストレス解消に付き合わされたり、パワハラ、セクハラまがいのことをされることまではなかなか止められません。現在も、論文の入手や英文作成、学術集会の手配、果ては学会報告のスライドの準備まで手伝わされ、わざと若い女性をＭＲに就けることもあると聞きます。

和田　製薬会社は、その医師が優秀かどうかなんて関係がないわけです。たくさん薬を使ってくれそうな科の医者たちを一生懸命接待したり、黙ってパワハラを受けたりするわけです。私の知り合いの九州のほうの大学教授は、看護師のことを一流大学を出たＭＲより下に見ているようで、妻子がいながら「俺はＭＲとしか付き合ったことがないよ」と威張っていたようです。それに加えて教授になった途端に銀座に連れていかれるわけですから。それまで受験勉強と研究に一生懸命で、女性と付き合ったことのないような男がいきなり銀座に連れていかれたら、女性観も狂いますよ。

今は変わったと思いますが、私が若い頃は、高級クラブに行ったら、ホステスさんの膝の上に手を載せながら飲むことは当たり前のように行われていました。ある理Ⅲの同級生なんかは、学生時代に女性と付き合ったことがないのに、研修医になった途端にクラブに連れていかれた。そのため、女の子と酒を飲むときは膝に手を載せなければ失礼に当たると勘違いしてしまい、研修医になって初めて合コンに行ったときに、いきなり隣のフライトアテンダントの膝に手を載せて、ひっぱたかれたことがありました。……まあ、そういうあまりにも常識知らずの秀才が多いのも理Ⅲというところです。あと、これも理Ⅲの悪いところだけれども、そもそも負けず嫌いで受験競争に勝ち抜いてきた人たちだから、女性についても、つい数で競ったりしてしまうのです。

医学部卒エリートの、哀しき女性観

和田　少し前に、姫野カオルコさんの『彼女は頭が悪いから』*という小説が話題になりました。あれは２０１６年に実際に起きた、東大生と東大大学院生５人による他校の女子大生への性暴力事件をモデルにした作品ですが、「東大生であれば、女性をどんなふうに扱っても許される。だって自分は東大生だから」と勘違いしたまま大人になってしまう男性が多いのは事実でしょう。自分が何をやっても女性は受け入れてくれるものだと思い込んでいるのです。どんなにブ男であっても、女性は皆、東大生の肩書の前にひれ伏すはずだと。

息子と二人三脚で受験を頑張って東大に行かせたお受験ママが、勉強以外はすべてを甘やかし、靴下まで履かせてあげながら、「世の中の悪い女の子たちが皆、あなたを狙っているから気をつけなさい」と息子に植えつける場合もあるようです。そうすれば、「女性は怖いもの」というミソジニー（女性嫌悪・女

『彼女は頭が悪いから』

姫野カオルコ著、２０１８年、文藝春秋刊。

東京大学に進学した男子と都内女子大に進学した女子。２人はふと出会って恋に落ちたはずだったが、格差意識や劣等感、さまざまな登場人物それぞれの妬みや思いのなか、ある事件が起きてしまう。性暴力の加害者と被害者をめぐる、今そこに起きているかもしれない物語。２０１８年12月、東大駒場キャンパスは著者の姫野氏を呼びイベントを開催。この作品は、「東大への誤った認識を生む」として、一部から批判が上がった。

性蔑視《べっし》）的要素が刷り込まれて、だったら力でなんとかしようと考えてしまう。私の場合も似たようなところがあって、母親に女性とセックスすると結婚させられると刷り込まれていたので、20歳を過ぎても童貞でした。もっとも、それが嘘と知ってからは遊び狂ったのですが。

鳥集　男ばかりの学校で勉強し、放課後はお受験ママに溺愛《できあい》されながら勉強をしていた男の子が、いきなり「東大医学部」という肩書を背負って、舞い上がるというか、勘違いしてしまうわけですね。

和田　灘校生の場合は、大学に行く前からモテるのは事実です。灘校は中学の生徒数が1学年170人、高校の生徒数が1学年220人だから、6学年で1200人しかいないわけです。だけど、灘の文化祭には、神戸や大阪の女子中高生が5000人は来ていたと思いますよ。

鳥集　和田さんは灘校時代からモテていたんですか？

和田　いや、私の場合は、親が厳しかったから何も……。前述のように「本当に好きな子としかしちゃダメだ。気をつけなさい」と。当時はそれを真に受けていました。でも、それくらいでかえってよかったんだと思います。授業も出ずに女癖も悪かったら、本当に救いようもなかった。

私が女性からモテるようになったのは、大学2年生のときにアイドルプロデュース研究会を始めたときからです。アイドルになりたい女の子からのアプローチがすごかったですね。かつてグラビアクイーンだった武田久美子さん*を発掘したのは、実は私なんですよ。それからはもう、次から次へと女の子たちが来て。

鳥集　……それは別の意味でモテた、ということじゃないです

武田久美子
たけだ くみこ。女優。元アイドル。本書著者の和田秀樹が主催していた「東京大学アイドルプロデュース研究会」が東大駒場祭で開催した「東大生が選ぶアイドルコンテスト」で優勝、これが縁でスカウトされ、グラビアアイドルに。1982年には近藤真彦主演の映画『ハイティーン・ブギ』のヒロインに抜擢された。89年リリースの写真集で、ホタテ貝を使った貝殻ビキニで話題になった。

か？

和田　まあ、そうなんですけど。でも親の教えがあったから、ここで本当にエッチをしたら大変なことになるかもと思って、手を出しませんでした。鉄門サークルにも入りませんでした。映画オタクで奥手だったのです。

同級生には、同時に複数の女の子と付き合っている奴なんて、ザラでしたから。今、東大の教授になった同級生などは、医局員のとき同時並行で4人の女性医局員と付き合っていて、教授選のときに怪文書が流れてきたくらいです。それよりだいぶ前の大学3年生のときその同級生から、「おい和田、エッチしても別に結婚させられるわけじゃないから大丈夫だぞ」と背中を押されて、一緒にナンパしたことがありました。そのとき以来、私も、「エッチしても結婚しなくていい」ことを知り、自由奔放になったんです。そして気がついたんです。私のように奥手で、あまりスポーツができなくても、「私は東大医学部です」

と言うだけで女性にモテるのか！　という事実に……。

鳥集　その事実は、人格形成にどういう影響を与えるものですか？

和田　よくないでしょうね。真面目に愛し合って恋愛してというのではなく、なんか自分を追いかけてくれる女の子、言うことを聞いてくれる女の子と付き合い放題、ということだから。女性は皆、肩書とか年収で男を選ぶ生き物だと思ってしまうわけです。

鳥集　医者の世界では*トロフィーワイフといわれるような妻を持つ方も多いと思いますが、普通の人間の感覚でいうと、もし自分がハイスペックの属性を持っていて、自分の人間性ではなく、属性や年収に惹《ひ》かれてそれで女性が近寄ってきていると思ったら……逆に怖いですよ。もし将来、自分がその属性を失っ

トロフィーワイフ
ハイスペックな男性にとっての、トロフィーのような妻という意味。社会的な成功を収めた男性は、名誉や地位など目に見えないトロフィーを多く手に入れることに野心を燃やすという。その妻としてふさわしい、美しく完璧な女性のこと。一方、トロフィーハズバンドという言葉はほとんど使われない。

たらその女性は自分から興味を失うわけですよね。短期的な付き合いならばともかく、結婚となると恐ろしいなと思います。

和田　実は、私が高校生のときから考えている恋愛映画の脚本があります。エリートだった若い男が、親から政略結婚させられる。傍《はた》から見たら、絵に描いたような裕福で幸せな一家なのだけど、男はそこにいるのが居心地が悪い。あるときから、男は毎週週末になると、妻に忙しいと言ってどこかに出ていってしまう。実は男は、家族に内緒で一生懸命勉強して、大型免許を取っていた。それで、三河あたりにダンプカーを置いておいて、週末は運ちゃんをやっている。もちろん、家族には秘密でね。それで、男は運ちゃんとしてナンパした女性と愛人関係になり、本当の愛とは何かを知る――。いつかこのストーリーを映画にしたいのですけれどね。

鳥集　つまり、自分の高スペックを何も知らずに、ただ一人の男として愛してくれる女性を見つけるわけですね。まるで『ローマの休日』*の男版のようですね。しかし、そんなストーリーを高校生時代に考えたなんて、やっぱり和田さんはたくさん映画を観ているだけあってロマンチストだし、変わった子どもだったのですね。

和田 だからやっぱりその頃から、もしも自分がこの先、女性にモテることがあったとしても、どうせ自分の高学歴スペックでしかモテないんだろうなあという哀《かな》しい予感があったということです……。

鳥集 それって、哀しいことなのですか？

和田 哀しいでしょ、普通に考えたら。鳥集さんだって、さっき、怖いと言ったじゃないですか。でも、それをちっとも怖いとか哀しいと思わないエリートが少なからずいるのも知ってい

『ローマの休日』
オードリー・ヘップバーン、グレゴリー・ペック共演のロマンティックラブコメディ。1954年公開。某国の王女が、自由を求めて滞在中のローマで大使館を脱出し、アメリカ人新聞記者と短い時間の恋を楽しむ物語。監督は『ベン・ハー』や『おしゃれ泥棒』などで知られる巨匠ウィリアム・ワイラー。

ます。ある意味それは、女性差別だとも感じますがね。スペックをちらつかせて女性を買収しているようなものでしょう？　文春砲につかまった渡部とかいう芸人とやっていることは変わらないわけですよ。

それを私が哀しいと思えるようになったのは……そういう肩書でしか異性と付き合えない世界から救われたのは、間違いなく精神科医になれたからです。精神科の医者になって、子ども時代にはアスペルガーでコミュ障だった自分が、人間の気持ちが多少なりともわかるようになったから、そういう世界から抜け出すことができた。精神科医になれたから、遠回りをしたけれど、映画も撮れるようになったと思っています。

鳥集　そういうエリート男子医学生の女性観は、もはや東大医学部だけの問題じゃなくて、きっと医療界全体にあるのかもしれないと思います。

今は、私立の医学部だって、新設の医学部であっても入るのが相当難しくなっています。お金もかかるため、一般家庭の子どもが医学部を目指すのはより難しくなっているでしょう。昔だったら私立の医学生はコンプレックスを持っていて、肩書で結婚相手を探すということはなかったかもしれませんが、今は、東大医学部に限らず、どこの私立の医学部出身の男性も同じメンタリティかもしれません。

和田　いや、むしろ東大医学部のほうがモテなくなっているかもしれません。東大医学部より慶応医学部のほうが、金も持っているし、いい車に乗っていそうだし、コミュニケーション能力もありそうですしね。

鳥集　同じく精神科医で、東大医学部出身のゆうきゆう*氏なんて、相当モテていたみたいですけれどね……。

和田　ああ！　一度週刊誌で叩かれていましたね。記事にあっ

ゆうきゆう
精神科医。本名は安田雄一郎。東京大学医学部卒。マンガ原作者。都内8ヵ所にゆうメンタルクリニックを開院。心理学関連のサイトも運営。『マンガで分かる心療内科』が大ヒット。2017年、『週刊文春』にて妻子がいるにもかかわらず複数の女性と交際していたと報道される。

た女性問題が事実かどうかは知りませんが、少なくとも、まだベテランとは言えないキャリアの精神科医が自分の本名は隠してペンネームをつけたメンタルクリニックを7〜8軒も作ったのはいいけど、実際に本人がカウンセリングしているのは一体どの程度なんだろうかと不安にはなりますね。記事によるとルックスのいい女性患者とだけ実際に会って、誘うとみんなついてきたらしいですけど。レストランと同じで、自分の名前をつけたクリニックをたくさん経営している医師は要注意ですよ。そういうレストランで旨い店を私は知りません。

鳥集　しかし精神科医というのは、医師のなかでも特に女性にモテるのではないでしょうか。優しい人が多いですし、悩みを聞いてくれそうですしね。

和田　他の人はどうか知りませんが、私の場合は、精神科医になった途端に、モテなくなりました。女性と出会う機会もなく

赤レンガ闘争
全学共闘会議（全共闘）と新左翼の学生が、東京大学本郷キャンパス安田講堂を占拠し、警視庁により封鎖が解除された事件（1969年1月）と同年の9月、東京大学精神科医師連合の森山公夫らが東大病院精神科病棟を占拠した事件。この病棟の建物の様相からこう呼ばれるようになった。

新左翼
ニューレフトともいう。1960年代以降に現れてきたもので、既成のマルクス主義や社会主義運動を批判し、新たな左翼革命運動の創造を目指す全世界的な運動のこと。学生・知識人が中心勢力だった。

なりましたし、真面目に医者をやればやるほど、プライベートはなくなりますから、自ずと恋愛のチャンスは逃しますよ。それに、東大病院に入ったときは、いわゆる赤レンガ闘争*のあった自主管理病棟で、ナースはみんな新左翼*みたいなところでしたから。

赤レンガ闘争と東大医学部

鳥集　赤レンガ病棟って、精神科のあったところですね。僕も行ったことがありますが、なかなかオドロオドロしいところでした。確かに、東大病院の精神科が、新左翼の根城みたいになっていた時期がありました。

和田　そうです。よど号事件*の赤軍派の幹部たちが一時期はそこで謀議を練っていたそうです。あと全学連のブント系の書記長だった島成郎*氏もいました。私が一番最初にバイトに行った

よど号事件
1970年3月31日、世界同時革命を目指していた赤軍の学生メンバーら9人が、羽田発福岡行きの日航機「よど号」を乗っ取った国内初のハイジャック事件のこと。リーダーは田宮高麿（たみや　たかまろ）。よど号は福岡空港に着陸後一部乗客を釈放し、韓国の金浦空港で残りの乗客を解放、代わりに当時の運輸政務次官を人質にとって朝鮮民主主義人民共和国（北朝鮮）に到着した。実行メンバーのうち北朝鮮に残ったのは4人。3人は死亡（うち1人は未確認）し、2人は帰国して逮捕され、有罪判決を受けた。

島成郎
しま　しげお。学生運動家、社会運動家、精神科医。1950年東京大学教養学部入学と同時に日

陽和病院の院長が島成郎だったのです。そういう不思議な面々が集まる場が赤レンガ病棟でした。これは、ジャーナリストの*大熊一夫氏が書いた、『*ルポ・精神病棟』に詳しいですが、1978年にイタリアで精神病院廃絶法（180号法、別名バザリア法）という法律が制定されたんです。イタリア精神保健改革の父と言われる*フランコ・バザリアが、「医師がご主人様で患者が従者」では、本当の治療関係は築けないと考えて、精神科における強制治療・強制入院をできないようにしようとしました。しかし、結局は反対意見に圧《お》されてこの法律は失敗します。

それと時を同じくして、日本のジャーナリズムからも、それまでの精神病院の隔離病棟の在り方が問題であると声が上がったのです。この流れとおおむね時を同じくして、東大精神科も二つの派に分かれていました。いわゆる、赤レンガ派と外来派です。

赤レンガ派は、新左翼でいわゆる人間学的、もともとは*デビッド・クーパーとかの反精神医学の考え方の影響を強く受けて

本共産党に入党。共産党の50年分裂で除名となるが、レッドパージ反対闘争に参画し、東大を無期停学になる。51年復党。54年東京大学医学部に入学、64年同学部卒。同精神医学教室に進む。国立武蔵療養所（現国立精神神経センター武蔵病院）、東京陽和病院長、北海道・鶴居（つるい）村の養生邑（ようせいむら）病院名誉院長、北海道・苫小牧市の植苗病院副院長、沖縄やんばるクリニック所長を歴任。2000年没。

大熊一夫
おおくま かずお。ジャーナリスト。1963年、東京大学教養学部卒、朝日新聞社入社。フリーになったのち、大阪大学人間科学部教授、大阪大学大学院人間科学研究科教授など歴任。アルコール

います。ざっくり言えば、赤レンガ派が、人間的精神医学を目指していたのに対し、外来派というのは、あくまでも生物学的精神医学を貫こうとしたわけです。

外来派の筆頭は、＊松沢病院で人体実験をしていたとして糾弾された当時の東大精神科教授の＊臺《うてな》弘氏ですよ。いわゆる＊ロボトミー手術にまつわる脳の組織採取を行っていたのです。それで東大精神科の医局から追放決議が出されたのですが、巻き返しを図って、自分の考えに従う医局員が戻ってきて始まったのが外来派（教室会議）で、追放派の残党が赤レンガ派（精神科医師連合）です。当時は学生運動が盛んだったので、赤レンガ派はそれと共闘を組み、深く学生運動と関わっていたという歴史があります。

鳥集　生物学的精神医学と人間的精神医学の棲《す》み分けを、もう少し詳しく教えてもらえますか？

中毒患者を装って精神科病棟に入院し潜入ルポを行った『ルポ・精神病棟』で知られる。２００８年、「イタリア精神保健改革の父」と称えられる精神科医、フランコ・バザリアの名を冠した第1回「バザリア学術賞」を受賞。妻はジャーナリストの大熊由紀子。

『ルポ・精神病棟』
大熊一夫著、１９８１年、朝日新聞出版刊。
患者として「精神病院」に入った朝日新聞の記者が、そこでの体験を克明に書きつづった。１９８０年代の刊行だが、精神病棟の内実は現在もあまり変わっていないと言われる。未だに患者に対する隔離・収容政策が行われ、30万人以上もの患者たちが「精神病院」に閉じ込められている状況に警鐘を鳴らす。

和田　生物学的精神医学というのは脳の研究をして、薬などで脳の問題が解消されれば、心の病が治るという考え方です。対して、人間学的精神医学というのは精神分析であったり、認知行動療法であったり、カウンセリングや愛情の力などで患者さんを治そうとします。

ちなみに私が東大に入った頃は、反精神医学（Anti-Psychiatry）といって、「何も治療をしないでコミュニティーで治そう」という、クーパー以外にも、トーマス・サズや*R・D・レイン*の考え方が日本にも広まっていた時代でした。

鳥集　私も学生時代、R・D・レインの本をよく読みました。そもそも和田さんが人間学的精神医学の方向に行ったのはどうしてですか？

和田　生物学的精神医学については、学生の頃から嫌いでした。学生ながらに、「心を見ない医療」に違和感を覚えたのです。

フランコ・バザリア
イタリアの精神科医、神経科学者、大学教授。イタリアの精神保健改革の父。イタリア国内の精神病院を廃絶、精神病院廃絶を実現した法律第180法は、彼の名にちなんでバザリア法と呼ばれる。

デビッド・クーパー
イギリスの精神科医。精神分裂病（現・統合失調症）の原因が明らかではないこと、客観的な特徴がないことなどを根拠に、精神分裂病は存在しないと主張し、反精神医学の立場をとった。

松沢病院で人体実験
別名、臺（うてな）実験。1950年頃、都立松沢病院において、のちの東京大学教授、臺弘（うてな ひろし）氏が指示し、のちのそれでさっきもお話ししたように、赤レンガ病棟というところに入ったわけです。

　赤レンガ病棟は当時、*宇都宮病院事件をきっかけに、そうでなくても政治的だったのに、穏健派の人たちがほとんど出ていったこともあって、政治運動に明け暮れていたわけです。

　宇都宮病院は、医療法人報徳会によって設立された病院で、患者への看護者の暴行などが問題とされ、３年間で２２２人も亡くなったのですが、東大医学部との癒着がありました。事件が発覚した１９８４年４月の朝日新聞の報道によれば、東大医学部は、科学研究費で購入したコンピューターを、１９８１年に報徳会が東大赤門前に開設した「報徳会本郷神経クリニック」内に持ち込み、学内の回線とつないでいたのです。つまり、宇都宮病院の患者さんを違法に研究対象として、東大医学部の教員たちは論文を書いていました。虐待を黙殺していただけではなく、亡くなった患者さんの脳は、本人と家族の許可なく解剖され、東大医学部に提供されていたのです。

日本医科大学名誉教授、廣瀬貞雄氏が行った人体実験事故のこと。約80人の患者から無断で脳組織を切除したという。

臺弘
うてな　ひろし。1937年東京帝國大学医学部卒。精神科医。東京大学病院、松沢病院を経て、群馬大学医学部教授、東京大学医学部教授などを歴任し、1974年退官。松沢病院で行われた人体実験は通称「臺実験」とも呼ばれる。

ロボトミー手術
ロボトミーとは、もともと、臓器を構成する単位である葉（lobe）を切除（tomy）する、という意味の医学用語。具体的には、眼窩から棒状の器具を宇都宮病院院長であった石川という人物は東京大学の研究生となっています。その指導医が、当時精神神経科教室教授だった秋元波留夫氏です。当時、松沢病院の精神科医だった岡田靖雄氏はこんな証言を残しています。

「秋元教授ハ講義ヲサボッテ、宇都宮へゴルフニイッタリシテイタ。コノ人ノ名ハアマリダサレナイガ、宇都宮病院ト東京大学トノ結ビ付キヲツクッタノハオソラクコノ人ダッタロウ」

しかし、事件が明るみになった1984年3月、東大精神科医連合が、東大医学部長の三島氏と東大病院長に、「宇都宮病院と東京大学脳研究施設、同精神科教室会議との関係を明らかにせよ」などの公開質問状を出したことから大きなうねりとなりました。

これを受けて、同年5月に三島部長は、宇都宮病院に関わっていた斎藤陽一東大病院精神科外来医長をはじめ、計5名を厳重注意処分としました。東大医学部が医師に処分を下し

差し込み、脳から前頭葉を切り離す手術である。かんしゃくやヒステリーを抑える効果があるとされ、主に統合失調症やうつ病の患者に対して行われたが、患者から感情を奪うという重大な副作用が認められ、抗精神病薬の開発の時期と相まって衰退。ロボトミー手術を開発したポルトガルの精神科医、アントニオ・エガス・モニスはノーベル賞を受賞するも、晩年、自らの患者に銃撃されて下半身不随に陥ったという。

トーマス・サズ

トーマス・ステファン＝サズ。サーズとも表記される。1920年生まれ、ハンガリー出身の精神科医。ニューヨーク州立大学医学部の精神科教授を長く務めた。反精神医学の立場をとる。反精神医学とは、「そもそも精神病など存

たのは、医学部創設以来、これが初めての出来事でした。
しかし、東大精神科医連合はこれには納得せず、三島部長に公開討論会の出席を求めましたが、三島部長は「宇都宮病院の元入院患者とは会いたくない」と拒否したため、精神科医連合のメンバーは、学部長室への坐りこみを開始したのです。この経緯は、「坐りこみニュース」でネット検索すると、誰でも詳細が読めます。
その後も、反精神医学運動とあいまって、患者解放闘争なるものをずっとやり続けていました。それに嫌気がさして、私は2年目になって、内科で研修医をすることにしたのです。

鳥集　赤レンガ派の思想には賛同するけれども、必要以上に政治にコミットするのが嫌になったということですか？

和田　というよりも、医学部なのに社会運動ばかりが優先され、きちんと治療を教えてもらえない状況だったわけです。このま

在しない」という反精神医学の主張が欧米で広がり、1970年代に入って日本にも紹介された。69年に、精神医学における人権侵害を調査・摘発し、精神治療の分野を正常化することを目的として設立された市民の人権擁護の会（CCHR）は、教授とサイエントロジー教会によって創設された。

R・D・レイン
ロナルド・デビッド・レイン。1927年スコットランド出身の精神科医、精神分析家。60〜70年代に活躍した。統合失調症の患者を、社会から隔離するのではなく、むしろ社会のなかで人間関係を通じて治療すべきだと主張する。

宇都宮病院事件
1984年、宇都宮病院の看護職員が入院患者2名をリンチして死

までは、まともな精神科医にはなれないなと不安を覚えました。とりあえず思想家である前にちゃんとした医者にならなければと考えました。その頃にはもう、映画監督になるという夢は一旦あきらめることにしていましたね。
　思想家になる前に、きちんと臨床のできる医師にならなければと言い聞かせながら研修医を続けていましたが、当時バイト先の病院に行くと、精神障碍《しょうがい》者が病院内で差別されている実情を目の当たりにするわけですよ。風邪をひこうが肺炎になろうが、精神障碍があるだけでまともに治療をしようとしない医師も多くいました。当直のときに、近所の病院に頼むと断られることは珍しくありませんでした。そういう現場に出合うたびに、やはり差別反対の運動は必要だとも考えました。
　今でも鮮明に覚えていることがあります。ある日、私がバイト先の精神病院で当直していたときのこと、入院患者さんが不意に外に飛び出して車にはねられてしまったんです。道路に強く打ちつけた頭がパカッと割れてしまった。私は慌てて外に飛

亡させた事件。宇都宮病院に入院していた患者が病院の実態を告発し、元入院者複数名が宇都宮病院を相手に裁判を起こし、勝訴した。

秋元波留夫
あきもと はるお。1929年東京帝國大学医学部卒。金沢医科大学（現金沢大学医学部）教授、東京大学医学部教授などを経て、退官後、都立松沢病院院長。

岡田靖雄
おかだ やすお。1955年東京大学医学部卒。精神科医。東京都立松沢病院、東京大学医学部、荒川生協病院などに勤務した。

び出し彼を抱き起こし、搬送先を探すため、外科の病院に電話をかけまくったのですが、「精神障碍者の事故ですよね？　暴れられたら困りますから……」と、異口同音に受け入れてくれないことがありました。患者さん本人も「差別されるのは嫌だから、先生が治療してください」と言うのです。

それで仕方なく、まだ研修医だった私が、震えながら患者さんの頭を縫って処置をしました。頭を縫いながら、マグマのように怒りが沸き上がりました。精神障碍者は、不慮の事故に遭っても見殺しにされる存在なのかと。

今思えば、そのことが背中を押してくれたのでしょう、人間学的精神医学を本格的に学ぼうという考えに、自然に傾いていきました。生物学的精神医学の連中は、患者さんを人間と思っていないところがあると感じたのです。

「東大医学部にアスペルガーが多い」は真実か？

鳥集　先ほどから少し触れていますが、東大医学部は偏差値が高いゆえに、空気を読めない天才タイプ、もっと言えばＡＤＨＤ（注意欠陥多動性障碍）やコミュニケーションの苦手なアスペルガー症候群の人が多いという話を聞きます。

　医師という職業は、無論、頭がよくなければ務まらない職業だということは誰もが知っています。しかし、一般の臨床医として働くならば受験偏差値でトップを獲るほどの頭脳は邪魔になることもあると聞きます。他大学出身の医師たちに東大医学部出身者の印象を聞くと、「頭はいいけれど、臨床医としては使えない人もいる」という答えが異口同音に返ってきます。

　事実、私もこれまでの取材経験を通して、頷《うなず》けるところが多くあります。頭の回転が速過ぎるせいか、取材をしていても、会話が成立しない人もいるのです。私が普通に日本語で質問をしているのに、なぜか「Yes」「Aha」など、英語で相槌《あいづち》を返し

目に詰め込み式でやった子どもが

てくる東大医学部出身者もいました。こうした医師が、臨床の現場で患者さんやスタッフと上手くコミュニケーションが取れているのかどうか、心配になります。

和田　まあ、私自身がＡＤＨＤでアスペルガーですからね。小学１、２年生のときは、授業中に座っていられなくて、ずっと立ち歩きをしていましたし、ずっと人の気持ちがわからなかったから、イジメられたわけです。

でも、先にも言ったように、灘に行ったら私みたいな人がたくさんいるだろうと思いきや、中田考とかを除いてそういうこだわりの強い人間は、それほどいませんでした。東大理Ⅲに入ったときにも同じように期待したのですが、やはり私と似た人はあまり見つかりませんでした。今は、もっといないでしょう。鉄緑会みたいなつまらない塾に行って、言われた通りの宿題を死ぬほど真面目に詰め込み式でやった子どもが理Ⅲに入ってくるようになったわけですからね。

「言われた通りの宿題を死ぬほど真面理Ⅲに入ってくるようになった」

2007年まで面接時の質問例と、2018年からの面接時の質問例を比較

1999〜2007年度入試までの理III前期日程で面接試験（例）

・1999年度「父親が脳死して臓器提供をすべきか悩んでいる子どもに対してどうアドバイスをするか？」

・2001年度「アフリカでのエイズの流行を防ぐにはどうすればいいか？」
「新薬開発時の人体実験の倫理的な問題」

・2003年度「2人の患者のうち片方しか治療できないときどう対処するか？」

・2005年度「少子化が社会に与える影響」

・2007年度「先進国や途上国の死亡率を減らす対策は？」、

出典：www.medicalexam-reference.com/trend/ut/ut_interview.html

2018年度入試からの理III前期日程で面接試験（例）

・なぜ本学を志望するのか
・医師を志望する理由は何か
・将来どのような医師になりたいか
・センター試験の自己採点はどうだったか
・好きな本はあるか
・自分の長所と短所はどこか
・医師としての大事な資質は何か
・部活動について
・尊敬する人は誰か
・大学に入ってからやりたいことはあるか
・学力試験の出来について
・臨床と研究のどちらに進みたいか

などを、願書の記述を元に質問される

出典：https://igakubu-note.jp/5029

言葉が広く認知されたことにより、自称・発達障碍や自称・アスペルガーとむしろ誇らしげに宣伝している学生は大勢いるかもしれないですが、本当の変人は昔ほどいないのではないですかね。

鳥集　受験生のコミュニケーション能力を重視するために、2018年度から東大理Ⅲにも面接が導入されました。実は、理Ⅲでは1999～2007年度の入試時でも面接は行われていました。ただ当時求められていたのは、医学的知識や時事的関心、医師の倫理性が問われていたわけで、コミュニケーション能力は重視されてはいませんでした。

しかし、医師の適性は前期課程が終わったときに審査すればよいということで、一時廃止されていたのです。それが今回また、形を変えて復活しました。入試の点数に加さないけれども、面接でも落とす可能性があると東大は説明しています。

和田　私は、医学部入試面接にはずっと反対しています。反対する一番の理由は、「今の医学部教授たちに、学生の面接をする資格があるのか？」ということです。ここまで読んでくださった読者ならば、私の言っている意味を理解してくれるのではないでしょうか。

そもそも、この医学部の入試面接導入のリーダーだった北村という当時の東大教授は、国際医療福祉大学医学部長に引き抜かれたというのに、私が聞く限り、人間として恥ずかしい不祥事で、たった2年で更迭されています。

もともと教授の多くがアスペルガーだったら、そんな教授が面接をしたところで、本当にコミュニケーション能力が重視される面接ができると思いますか？　自分の存在を脅かさない、従順な学生を採用するだけで終わると思いますけどね。今以上に、つまらない学生だらけになりますよ。

さらに、まだ思春期も終わらぬ高校生をつかまえて、患者とのコミュニケーション能力なんて測れるわけがありません。[10]

まえて、患者とのコミュニケーショ

ん」

代の頃と30代では、別人のように明るくお喋《しゃべ》りになる人はごまんといます。その逆の場合ももちろんあるでしょう。私もまともな医者になれたのは、医者になってから素晴らしい指導者に巡り会えたからです。

鳥集　確かにその側面はありますね。アスペルガーのようなこだわりが強い人のほうが、面白い研究ができるかもしれません。

和田　２０１１年のことですが、秋田大学では、入試で非常によい成績だったにもかかわらず、高校時代に起立性調節障碍という持病があってほとんど高校に行けずに高校卒業程度認定試験から医学部を受験した女性に面接で０点をつけて不合格にするという出来事がありました。病気を治すべき医学部が、過去に病気があったという理由で、面接で落としてしまう。これはおかしなことだと思いますがね。ついでに言うと、秋田大学医学部教授から、アカハラや当て逃げ事件などで懲戒処分を受け

「まだ思春期も終わらぬ高校生をつかン能力なんて測れるわけがありませ

る人が続出しています。

鳥集　先ほど和田さんが言われたように、「働き手として使えるかどうか」という目線で入試面接を行っているということでしょうか。

和田　医学部面接は結局、そういうことになってしまうのです。だから女子差別とか、歳をとってから医学部に入ろうとした人を差別する温床となったのが面接です。全盲の弁護士とか身体障碍者の弁護士はいても、医学生でそういう人は聞いたことがない。おそらく障碍者差別もしているはずです。東大医学部も、表向きは患者さんとまともなコミュニケーションが取れないような医者がいるという世間の批判をかわすために、再び入試面接を復活させたといいますが、患者さんにどんな態度を取るかというのは、それこそ、医学部教育の責任です。本人の気質の問題ではなく、指導医がどんな態度を取っていたかに影響され

ほど、余計ノーベル賞から遠のくか

るものですよ。

だいたい、海外の名門大学では、教授は面接しないで、アドミッション・オフィスの専門の面接官が面接します。教授がやると教授に忖度するような人間が入るのですが、教授に喧嘩を売るような人間のほうが学問を進歩させるので、そういう人を積極的に採るそうです。日本でどうしても教授が入試面接をやりたいのは、医学部の同級生の子どもたちが医学部を受けるときに偉そうにできるという利権でもあるのかと思ってしまいます。

もちろん、合格者のなかには明らかにアスペルガー的で、社会性に欠けたオタクのような学生もいるでしょう。でも、そういう学生は、ひょっとしたらノーベル賞級の研究者になるかもしれません。

鳥集　つまり、東大医学部が面接を重視すればするほど、余計ノーベル賞から遠のくかもしれないと？　しかし、とかく現代

「東大医学部が面接を重視すればするほど、ノーベル賞から遠のくかもしれない？」

の医療は、かつてよりも医師のコミュニケーション能力が問われるようになりました。昔は、多少医師が威張っていたり、ぞんざいな言い方をしても許される風潮があったりしました。市民から「お医者様」と呼ばれていた時代、医師は、父親が子どもに教え導くような態度で接する「パターナリズム」*が理想とされていたのです。

しかし、1990年代後半からは、医師と患者の関係性は変化しました。欧米から、患者中心の医療という考え方のもと、「インフォームド・コンセント」という概念が移入されたからです。

和田　だから私は、国家試験で面接をやるべきだと前から提案しているのです。そうすれば、大学も国家試験の合格率を上げるためには、医学部6年間の授業のなかにコミュニケーション教育に力を入れざるを得なくなります。文科省は発想が逆なんですよ。

パターナリズム
本人の意思にかかわりなく、本人の利益のためと称して、本人に代わって別の人間が意思決定をすること。父親的温情主義、父権主義ともいう。

鳥集　それは仰る通りですね。私は以前、アメリカのデンタルスクールを取材したことがあります。そのスクールでは、自分が臨床実習をした患者さんにお願いをして、一緒に試験会場に来てもらうのです。試験会場では、受験生が歯の治療を実際にやっているところを試験官が見て、それを実技科目として判断します。

そういうプロセスが日本にはまだありません。日本でも、５年生、６年生の臨床実習のあいだに外の病院で実習をさせて、そこの病院の評価を国試に加えるという方法もあるはずなのです。コミュニケーション能力と医療スキルを両方一緒に評価するには、実習現場が一番いいでしょう。

和田　その通りです。国家試験の評価を客観的に判断して、臨床と研究に学生を分けていくのが、本当の適材適所というものでしょうね。

その手術は、患者のためなのか？　医者の承認欲求か？

和田　これは教育の世界の話なのですが、１９７０年代の半ばまで日本の初等・中等教育というのはとても質がよかったのです。第１回ゆとり教育*が決まったのは１９７７年です。その後、３回カリキュラムを改正して２００２年のゆとり教育になったのですが。１９７７年に何が一番変わったかというと、実は筑波大学ができた。筑波大学の前身は東京教育大学で、教授の半数が教育現場の経験者なんです。なぜか。

ゆとり教育以前の審議会には、東大教授の他、東京教育大学の教授たちがたくさん入っていました。彼らの多くは、高校教師経験者や元校長など、教育現場経験者です。一方、東大教育学部には、教育現場の経験者がほぼいません。しかし、現場の意見こそがものを言うはずのゆとり教育審議会において、東大教授が、現場経験のある東京教育大学教授の言論を筑波に追い出して封殺していきます。

ゆとり教育
１９７７年の学習指導要領の改訂時に導入された。無理のない学習環境を子どもたちに提供することで、受験戦争からの落ちこぼれ、いじめ、不登校などの対策になるとし、教科内容と授業時間数を削減した。偏差値重視の教育方針から転換し、「ゆとりと充実」が謳われた。しかし学力の低下が指摘され、２００８年の中央教育審議会から、脱ゆとりの方針が取られ始めた。

筑波大学膵腎同時移植事件
１９８４年、脳出血を起こした

鳥集　筑波大学ができたとき、その教授のほとんどが、東大から行っているんですよね。

和田　そうです。ただし、医学部だけは千葉大から取ったんですよ。それがまた問題でした。千葉大出身の教授は、人体実験みたいなのが大好きな奴らが多くてね、それで、筑波大学膵腎同時移植事件*というのが起こりました。

鳥集　１９８４年ですね。執刀医が殺人罪で告発された事件です。１９６８年の和田心臓移植事件*と同じくらい、世間を震撼させた事件ですね。

和田　そう。まだ脳死が法律で認められていないときに起きた事件なのです。事件の詳細は註に譲りますが、この「脳死者からの臓器提供による、日本初の膵腎同時移植」を行った筑波大

患者を脳死と判定し、日本初の膵臓腎臓同時移植を行った筑波大の岩崎洋治教授が殺人罪で告訴された事件。実質的な執刀医は助教授だった深尾立氏だとされる。脳死と判定された患者に精神科の通院歴があったため、本人の臓器提供への同意の有効性が問題視された。教授は殺人罪で告訴されたが、裁判には至らなかった。

和田心臓移植事件
１９６８年、札幌医大の和田寿郎教授が、脳波測定もなされないまま脳死判定を下した男性の心臓を、別の患者に移植したもの。ドナーの家族が同意していなかった可能性、移植されたほうの患者に果たして移植の必要があったかどうかなど数多くの点で疑惑を指摘された。教授は不起訴。

助教授の深尾立氏は、東大病院の医師を中心とする「患者の権利検討委員会」から告発されたのです。しかし、深尾氏は、その後、助教授から教授になり、挙句は筑波大学の医学部長になり、千葉の労災病院の院長になっているわけです。

鳥集　さきほどの東大病院の話もそうですけど、庇《かば》い合ってしまう。

和田　そうですね、庇い合ってしまう。本来なら、「お前らが変なフライングをするから、脳死移植ができなくなったじゃないか！」と責めるべきなのに、脳死による臓器移植賛成論者が皆、功名心のために手術をした深尾氏を擁護したわけですよ。

鳥集　それは今でも同じようなことを感じることがありますね。庇い合いが起きる一つの理由というのは、エリート意識が強いからでしょうか。罪の意識などなさそうですよね。

ているのでしょう」

和田　あとは、「脳死」とか「移植」とかいう、医療の進歩に貢献するためには多少の患者の犠牲は仕方がないという考えが根底にあるでしょうね。専門バカどころか、実験バカになっているのでしょう。安全性が認められていない手術を実験的にフライングで行っても、少しでも成功例を集めることが善だという。

筑波の膵腎同時移植に関しては、結果的にこのレシピエントのAさんの利益はゼロです。手術が行われたのは1984年の9月。それから1ヵ月後には拒絶反応を起こして、翌年の2月には尿が出なくなり、結局、人工透析を再開しているのです。しかもこの患者さんは、自分の執刀医が東大から告発されていることを報道で知ります。それで、「自分はもしかしたら、とてつもない大きな実験台だったのではないか」と猜疑《さいぎ》心を持ち始めます。なんと可哀想なことか。

深尾氏らはここで、移植した膵臓を再度摘出することを決意

「専門バカどころか、実験バカになっ

します。それから半年後、ちょうど移植手術から1年後に、実験台にされたという疑念を持ちながらAさんは亡くなられた。手術をしていなければ、確実にもっと長く生きられた命です。

鳥集　つまり、レシピエントの利益がゼロなのに手術をやる意味は、単なる医者の承認欲求に過ぎないと。

和田　むしろ犯罪的です。たとえば同じ臓器移植でも、宇和島の万波誠氏*がやっているがんの病腎移植*に関しては、私は支持します。確かにがんの腎臓かもしれないけど、がんが大きくなるまでは6年間くらい、透析を受けなくて済む。万波氏は自分のためではなく、患者のためにやっているわけですからね。

鳥集　私も以前、万波氏の手術を取材で見学したことがあります。素人が言うのもおこがましいですが、手際がよくて、上手だと思いました。くすんだ色をしたドナーの腎臓が、移植され

万波誠
まんなみ まこと。1969年山口大学医学部卒。愛媛県、宇和島徳洲会病院の泌尿器科部長。1000例を超える腎移植手術実績を持ち、修復腎移植の臨床研究で内外から高い評価を得ている。病腎移植で知られる。国内に多くの腎臓移植待機患者がいるなかで、画期的な方法と言われるが、感染や腫瘍再発のリスク、臓器売買に発展する懸念などもあり、「赤ひげ先生」とも「悪魔の医師」とも呼ばれている。

病腎移植
腎がんを含む病気を患った腎臓を提供者から摘出し、病変を取り除いて修復した上で移植すること。

て血流が再開した途端、パーっと鮮やかなピンクに変わる様子は感動的ですらありました。あの人は、自分の名誉や金儲《かねもう》けのためでなく、ただ単に手術が大好きな、「手術バカ」みたいな感じの人でした。これは褒め言葉です。

和田　手術バカだし、少しでも人を助けたいと思う人ですから。あれだけ手術をしている割には、金の匂いがしなくて貧乏くさい し……。

鳥集　万波氏は手術以外、他には何も興味がないような感じに見えますね。しかし、そういう一生懸命、人の命を救おうとしている医師のことを、現場にいない専門家や現場を知らないマスコミが批判する。現場を知らない人間が、現場を知っている人間をスポイルするのは、東大医学部に限ったことではありません。

和田　元慶応義塾大学医学部講師の近藤誠氏が乳房温存療法を主張するまで、外科医たちは乳がんの患者さんたちに、「おっぱいを全部取らないと、お前は死ぬぞ」と間違ったことを言っていた。欧米ではすでに、乳房を全摘しても温存しても生存率は変わらないというエビデンスが出ていたのに、それを認めてしまうと外科の権威であった教授たちの面子《めんつ》が潰れてしまうということで、放射線科の近藤氏をやり込めてしまった。日本では乳房温存療法が標準治療の一つとなるまでに15年かかり、海外から大幅に後れを取ってしまった。15年かかったのは、当時の権威の教授たちがみんな定年でやめるまで、温存療法をすると干されたからです。近藤氏はたった一人で外科の学界と闘い続けたわけですが、それによって数えきれないほどの乳がんの患者さんが不利益を被ってしまった。

鳥集　先に東大医学部の高橋晄正氏について触れましたが、近藤氏も文字通り、万年講師のまま慶応大学を定年退職されまし

近藤誠氏の乳房温存療法
近藤誠氏は1973年慶応大学医学部卒。80年代より、当時、日本ではまったく行われていなかった乳房温存療法を普及させようと尽力。90年代からはがん放置療法を実践。

た。1980年代末に、当時乳がん手術のスタンダードであったハルステッド手術*を批判する論文を「文藝春秋」誌上で発表した直後、当時の慶応の医学部長に呼び出されて、「このままでは君は慶応の高橋晄正になるぞ」と脅されたそうです。

東大医学部が国立大医学部のトップとしてあぐらをかいていたように、慶応大学も私立大医学部のトップとしてあぐらをかいていたのは間違いありません。1990年代から2000年代の慶応医学部の外科は、王貞治氏の主治医として知られる北島政樹*医師が医学部を率いて当時最先端だった腹腔鏡《ふくくうきょう》手術やロボット手術に挑むなど、東大病院に堂々と対抗できる実力や権威もありました。ただ、そうした外科の権威を、同じ院内の放射線医に脅かされたくはなかったのかもしれません。

現在では、乳がんのハルステッド手術は時代遅れとなり、胸筋を残す乳房全摘手術か乳房温存手術が標準治療となりました。

和田　それなのに、誰一人、近藤氏に謝罪をしていません。む

ハルステッド手術
乳がんは周囲のリンパ節を通って全身に転移するという考えから、手術で乳房とその周辺の組織やリンパ節を広く切除することでがんの進展を防げるとし、小さな原発であっても大きく切除する「胸筋合併乳房切除術」のこと。

北島政樹
きたじま　まさき。1966年慶応義塾大学医学部卒。外科医。杏林大第一外科教授などを経て91年に慶大外科学教室教授、慶大病院病院長や慶大医学部長を歴任。2009年に国際医療福祉大学学長に就任、16年より国際医療福祉大学副理事長。王貞治氏の主治医として知られる。19年心筋梗塞で急逝。

しろ、ニセ医学を先導したとして、未だに叩かれ続けているわけです。医学部教授というのは、負けを認めたがりません。でも、勝者である前に、〈ヒポクラテスの誓い〉*を学んだ、まともな価値観を持った医療者であるならば、臨床の腕がいいほど勝ちだよとか、人に教えるのが上手い人ほど勝ちだよとか、そういう価値観を共有するべきなのです。

鳥集　それがいつからか、論文を書ける奴が偉い、学会の理事長になった奴が偉いということになってしまった。

あらためて考えよう、「偉いお医者さん」って何だ？

和田　そう。教授になれるヤツが偉いとか、理事長になったヤツが偉いとか。政治家と仲のいいヤツが偉いとか、教授にペコペコしているヤツが偉いとか。恐ろしいシステムになったわけですよ。システムを変えるのは会社と同じでトップの責任です。

ヒポクラテスの誓い
ヒポクラテスは、古代ギリシア時代の医師。ヒポクラテスの弟子たちが編纂したとされる「ヒポクラテス全集」に登場するのが、医師の職業倫理に関するギリシア神への宣誓文「ヒポクラテスの誓い」。人を診る医師としてどうあるべきかを示したもの。現在でも、医学部の卒業式や医療機関への入職時などに用いられる。病人ファースト、医師の守秘義務などを語っている。

だけど、トップ自体がその恐ろしいシステムに依存しているわけだから……変わらないのでしょうね。

鳥集　つまり、論文の数や、肩書や、功名心による無駄な手術を競うのではなく、「患者を救った人たちが一番偉い」という価値観を持てばいいわけですよね。他人に共感する能力に乏しい医師がメスを振るえば、何人もの患者の命が奪われることは、群大事件が象徴しています。

現代の医療は、医師一人で完結できることは少なく、他の医療スタッフとチームを組んで行うのが当たり前になっています。たとえばがん治療であれば、手術を行う外科医だけでなく、抗がん剤治療に詳しい腫瘍内科医や放射線治療を専門とする放射線腫瘍医が協力して行う「集学的治療」が行われます。さらに治療をサポートする看護師、術後の機能回復訓練を担当するリハビリ医や理学療法士、術前術後の食事をサポートする管理栄養士、患者の心をケアする精神科医や、症状を和らげる緩和ケア医、地域医療や介護との連携を行うソーシャルワーカーなど、一人の患者に多職種の人たちが関わる「チーム医療」が前提です。こうした連携をスムーズに行える医師こそが、患者にとって「いい医者」なのです。

当然ながら、こうしたコミュニケーション能力が求められる仕事は、偏差値が高いからできるわけではありません。他者との付き合いが苦手な人が医師になると、臨床現場で苦労するだけではなく、子どもの頃から受験でトップを獲り続けてきた挫折知らずの人たちが多いだけに、仕事が上手くいかないことで自尊心が傷つき、本人が不幸になってしまう可能性すらあるのです。

第3章

天才集団・東大医学部よ、もはや小さくまとまっている場合じゃない。

ノーベル賞で京大に大敗している理由

和田　研究重視といいながら、東大はノーベル賞受賞者においても物足りない。特に最近は京都大学の吉野彰氏*や名古屋大学の天野浩氏*など国立大学からノーベル賞受賞者が続出しましたが、東大出身者は少ない。さらに東大医学部教授からは、実は一人も受賞者が出ていません。世界に通じる研究者の養成を本気でしたいのならば、面白い発想を持たせて伸ばしたほうがいいはずなのに、そういう気の利いた教授がいないのです。

鳥集　東大医学部は臨床能力だけでなく、臨床研究においても、物足りない面があるのは事実です。たとえば、がんの領域では、臨床試験を中心としたさまざまな多施設共同研究を行っている「日本臨床腫瘍研究グループ（ＪＣＯＧ）」という組織がありま す。ここには、日本のトップレベルのがんの臨床医が集まっています。国立がん研究センターを中心に約１９０の医療機関が

吉野彰
よしの あきら。１９７０年京都大学工学部卒、72年同修士課程修了。化学者。専門は電気化学。携帯電話やノートパソコンなどに用いられるリチウムイオン二次電池の発明者の一人として、２０１９年、ノーベル化学賞を受賞。

天野浩
あまの ひろし。１９８３年名古屋大学工学部卒。工学博士。専門は半導体工学。名城大学理工学部講師、助教授、教授を経て、２０１０年より名古屋大学大学院工学研究科教授。青色ＬＥＤ

参加し、各種がんや治療別に16の研究グループがありますが、2020年現在、東大病院の医師が代表者を務めるユニットは一つもありません。

和田　東大医学部教授が、好きに研究ができる立場にいながら、まともな研究をしていない証拠です。

鳥集　東大医学部出身の外科医に聞いた話ですが、東大医学部の人たちは、「ここにゴールがある」というのが見えていると、そこに対して一直線に答えを作っていく能力はとても優れているそうです。言い換えればそれは、計画された実験の結果を論文化して、業績を積み上げていくことです。そういう意味では、研究や論文を量産する能力は格段に高い。しかし、本当に面白いことは、ゴールに向かう道とは別のところにある。東大医学部の人たちはゴールばかり見ているので、その道端に落ちている輝く原石に気づかないのだと、その外科医は話していました。

に必要な高品質結晶創製技術の発明で、赤﨑勇（名城大学大学院）教授と中村修二（カリフォルニア大学）教授とともに14年ノーベル物理学賞を受賞。

和田　その通りです。見通しのつかないものをやる人のことを、「非合理的」であるとどこか馬鹿にしているのかもしれません。東大医学部は、「人が誰もやっていないことを、仮説を立てて実証する」というスタイルの研究を学生に促すのが不得意なようです。それは、生徒の能力の問題でも受験教育の瑕疵《かし》でもなく、教授たちの教え方の問題でしょう。もっと言えば、東大医学部での論文テーマの与え方が矮小化《わいしょうか》していると考えます。

鳥集　たとえば、これは『選択』という雑誌の2017年7月号の記事ですが、基礎研究の業績においても、2014年以降に『ネイチャー』『サイエンス』『ニューイングランド医学雑誌』『ランセット』に掲載された日本の医学部に在籍する研究者の論文は、1位が京大、2位が阪大、3位が東大でした。国からの運営費交付金や職員数を勘案すると、東大の医師一人あたりの生産性は、京大の3分の1、阪大の2分の1しかないというのです。

和田　鳥集さんは、かつて湯川秀樹*氏が日本人で初めてノーベル物理学賞を受賞した理由を覚えていますか？

鳥集　陽子と中性子を強い力で結びつけている「中間子」理論です。京都帝大出身でしたが、湯川理論は、阪大で生まれたものでしたね。当時の阪大理学部は、大変風通しがよく、自由闊《かっ》達《たつ》な研究ができていたといいます。

和田　そうです。しかし湯川氏は、中間子の存在を証明したわけではありません。その存在を仮定して、後にそれが発見されたことがノーベル賞につながったわけです。

　何が言いたいかというと、研究者にとって大切なのは証明することよりもまず、仮説を立てることなのです。湯川氏の影響が大きかったからか、物理の世界では我が国でもユニークな仮

湯川秀樹
ゆかわ ひでき。1929年京都帝國大学理学部卒。理論物理学者。33年から大阪帝國大学理学部講師となり、34年にはすでに「中間子」理論構想を発表した。42年より東京帝國大学理学部教授。43年文化勲章受章。49年ノーベル物理学賞を受賞。53年には京都大学に戻り、70年退官。81年没。

説を立てる人間を評価する気風が、かろうじてあるようです。物理学の世界では、欧米に一度も長期留学せずに日本で研究を続けていても、ノーベル賞が取れる土壌ができています。教授の趣味でない研究をやると頭ごなしに否定されてしまう医学部とは大きく違うようです。

鳥集　京大医学部の出身者・在籍者はノーベル賞を取っているけど、東大理Ⅲの出身者は取っていないですからね。日本の医学・医療界をリードしていると自負している立場からすれば、焦燥感を募らせているのではないでしょうか。

和田　ノーベル物理学賞だけで、今のところ東大出身者は5名が受賞しています。*しかし医学部においては対照的ですね。

鳥集　京大医学部のＯＢに話を聞くと、京大はいい意味でも悪

＊東大出身者は5名が受賞
1965年朝永振一郎（量子電気力学の基礎研究、東京帝國大学で理学博士を取得）、73年江崎玲於奈（半導体におけるトンネル効果を発見し、エサキダイオードを開発、東京帝國大学卒）、2002年小柴昌俊（ニュートリノの観測、東京大学卒）、08年南部陽一郎（素粒子物理学における自発的対称性の破れを発見、東京帝國大学卒）、15年梶田隆章（ニュートリノ振動の発見、東京大学で理学博士を取得）。

い意味でも放任主義だそうです。研究をやりたい人は、勝手にやりなさいと。手取り足取り教えない代わりに、まわりには世界トップレベルの研究をしている研究者がたくさんいる。彼らのところに自分から行けば、喜んで何でも話してくれる。それが、変わり者が多いけど、オリジナリティーの高い研究が生まれる土壌になっていると。

ただ、放任主義なので、サボる学生も多い。「京大は1人の天才と、99人の馬鹿を作る」という言葉もあるそうです。

一方、東大医学部は新しい発想を持つ人間を育てない。ある東大医学部OBからこんな話を聞いたことがあります。

「そもそも、東大に新しい発想なんて要らないのです。東大は基本的に文科省、厚労省の御用達《ごようたし》大学ですから、もともと超保守的で、新しいことは煙たがる。むしろ、国から研究費をどんどん取って、分配するのが仕事なんです。私の先輩は、5年間で10億円くらい研究費を取って、10ヵ所くらいに分配していました。でも研究費を取ってから、『何をやればいいか？』と聞いてくるんです」と。つまり、東大理Ⅲを突破できる総合的能力の高い人たちは、新しい研究よりも、「まとめ役」のような仕事のほうが向いているのだというんです。

和田　それは本当に、東大医学部教授本人の能力が高いからでしょうか？　東大医学部教授が「まとめ役」をやったときに、その助手や医局の部下たちの統計処理能力とか事務処理能力が異様に高いのだと私は思います。確かに、理Ⅲに受かったばかりの若い連中は、論文をババッと集めてきて、善し悪しも含めてそれを解析し、結論を出すような仕事は得意かもしれません。すなわち、東大医学部は、「問題発見能力」が高いかどうかはわかりませんが、総じて「問題解決能力」は高いはずなのです。

鳥集　「問題発見能力」と「問題解決能力」は違うのですね。

和田　ただ、「問題発見能力」というのは、本来は高等教育で

『問題解決能力』は違う」

身につけさせる能力であって、東大医学部入試の責任ではありません。この国は、教育審議会の委員のほとんどが大学教授ですから、やり玉に挙がるのはいつも、自分たちが責任を負わなくてもいい初等・中等教育なのです。たとえば、池上彰氏がテレビのバラエティ番組で何かを説明するとするじゃないですか。もしこれが欧米ならば、中卒や高卒の視聴者は、「そうだったのか！」と頷きますが、大卒以上ならば、「いやいや、そうとは限らんぞ」とか、「他にも考え方があるじゃないか」とテレビに向かってツッコむはずです。だけど日本は、学歴に関係なく、博士を持っている人まで、「そうだったのか！　やっぱり池上さんはすごい」となる。日本の視聴者は、チョロいんですよ。

鳥集　しかしながら、京大や阪大と比べて、今の東大医学部は「問題発見能力」よりも「問題解決能力」のほうが長《た》けているように見えます。

「『問題発見能力』と

和田　鳥集さんが言わんとしていることはわかります。先ほどもお話ししたように、「自分で気づく人間」を育てる土壌は、東大医学部よりも京大医学部のほうに圧倒的にあるということでしょう。ただし、その京大ですら、山中氏も含めて、京大内だけでずっと教授をしている人でノーベル賞を取った人というのは、この30〜40年はいないはずですよ。

鳥集　2018年にノーベル生理学・医学賞を取った本庶佑さん*は、長年京大医学部にいるはずですが。

和田　しかしながら、アメリカのカーネギー研究所*やその他の研究機関で長年研鑽《けんさん》を積んでいるはずです。つまり日本でノーベル賞を取っている理系研究者の多くは、湯川秀樹とか朝永振*一郎とか初期の人以外は留学組です。

ほぼ日本だけで理系研究している人で、ノーベル賞を取った

本庶佑
ほんじょ たすく。1966年京都大学医学部卒。71年より渡米、カーネギー研究所、国立衛生研究所で免疫学の研究。帰国後、大阪大学医学部教授を経て、82年から京都大学医学部教授。免疫を司る細胞のなかにある物質が、体のなかで免疫が働くのを抑えるブレーキの役割を果たしていることを発見、新しいタイプの治療薬「オプジーボ」開発につなげた。この功績により、2018年、ジェームズ・アリソン博士とともにノーベル生理学・医学賞を受賞。

カーネギー研究所
1902年設立、科学研究の支援を目的としているアメリカの財団。設立者は、「鋼鉄王」と称されたスコットランド出身、アメリカ人のアンドリュー・カーネギー。

人というのは、田中耕一氏*、中村修二氏*、そして先の吉野彰氏。彼らの共通点は、「企業研究者」であることです。企業研究者は教授の顔色をうかがわずに済む分、自由度が増すのでしょうね。もちろん、成果を出さないと配置転換されるリスクは当然あるでしょうが、名より実を取る研究をしたいなら、下手に医局に残るよりも企業に入ったほうがいいと思います。田中耕一氏に至っては大学院にも行かずにノーベル賞を取っている。これは世界的に珍しい快挙です。逆に言えば、理系のノーベル賞は、もはやただ日本の大学にいるだけでは、決して取れないのです。

鳥集　今から東大医学部に入る人たちは、医学部にいる教授をロールモデルにするよりも、自分がしたい研究を突き詰めている外部の人をロールモデルにしたほうがよいということですね。

和田　受験と同じで研究ももちろん、競争をしなければなりま

慈善家としても知られる。

朝永振一郎
ともなが しんいちろう。1929年京都帝國大学理学部卒。49年より東京教育大学教授。52年文化勲章受章。56年からは東京教育大学学長。65年、量子電気力学における基礎的研究でノーベル物理学賞を受賞。湯川秀樹とは大学も卒業年も同じ、父親が京大教授というところまで同じなため、永遠のライバルと称される。

田中耕一
たなか こういち。1983年東北大学工学部卒。同年島津製作所入社。化学者、エンジニア。かつては難しいとされていたタンパク質の質量測定に関して、「ソフトレーザー脱離イオン化法」という

せん。しかし、上の人が、何をもって勝ちとするのかによって、研究のやり方が変わってきてしまうわけです。名誉ばかりにこだわっていては世界とは戦えないということは、昨今の受賞者の方々の経歴が明らかにしてくれています。

「エビデンス至上主義」という病

鳥集　東大医学部に限って言えば、臨床と研究が中途半端になっているきらいはないでしょうか。医学部では「よき臨床医」の育成が目的となっていますが、東大や京大に対しては、やっぱりノーベル賞級の研究をしてほしいという社会の目もあるわけで、求めるものがどっちつかずになってしまう。

もし東大医学部からノーベル賞を出すとしたら、面白い発想ができる環境を作る必要があると思いますが、和田さんの考える、「若き研究者における面白い発想の伸ばし方」とはどのようなものだと考えますか？

質量分析方法を発見したことで、2002年、ノーベル化学賞を受賞。受賞時、修士号も博士号も持たない研究者が受賞したのは世界初。島津製作所は、質量分析装置の新規技術と応用技術の開発を推進するため、03年1月に田中耕一記念質量分析研究所を開所。

中村修二
なかむら しゅうじ。1977年徳島大学工学部卒、79年修士課程修了、日亜化学工業に入社。工学博士。93年、青色LEDの実用化に成功。2000年よりカリフォルニア大学サンタバーバラ校教授。05年にアメリカ国籍を取得。青色LEDに必要な高品質結晶創製技術の発明で、赤﨑勇（名城大学大学院）教授と天野浩（名古屋大学大学院）教授とともに14年

和田　まずは、エビデンス至上主義にとらわれないことではないでしょうか。検証しやすい仮説を立てて動物実験や臨床試験をして、統計的に有意差のあるデータを残した論文をたくさん書くことがよしとされる空気を、あえて読まずにやりたい研究をすること。空気ばかり読んでいると、平凡な研究者になってしまいます。残念ながら、エビデンス至上主義というのはトレンディではあるけれど、世の中は変えていかないですね。もちろん、エビデンスなしに当てずっぽうで治療をせよと言っているわけではありませんよ。

それに、やりたい研究をする環境を見つけるためにはまず、自分が本当に尊敬できる教授についていくことも大切です。それで思い出すのは、東大医学部の同級生だった古川壽亮*氏のことです。私が人間的精神医学の研鑽を積みたいと思ったとき、先に話した赤レンガ派を熱心に勧めてくれたのが彼でした。だから、彼も一緒に赤レンガ派に入るものと思っていたのですが、

ノーベル物理学賞を受賞。

古川壽亮
ふるかわ としあき。1985年東京大学医学部卒。精神科医。99年より名古屋市立大学医学部教授。2010年から京都大学大学院医学研究科健康増進・行動学分野の教授。スマートフォン治療アプリを開発するなど、うつ病治療のフロントランナーとして活躍している。

あっさり裏切って、名古屋市立大学の木村敏*氏の教室の研修医になったのです。彼は東大医学部にいながら、一番尊敬できる先生は木村敏氏だと言うのを憚《はばか》らず、熱心に木村氏の著書を読んでいました。

鳥集　東大病院を捨てて名古屋市立大学医学部に行くというのはかなり珍しいケースですね。それほど、木村敏氏に影響力があったということでしょうか。

和田　古川氏は優秀だったので、木村先生からの覚えもめでたく、40代で名古屋市立大の臨床の教授になって、50代でやめて、今度は京大の医学研究科の教授になりました。現在は、抗うつ剤などの向精神薬のエビデンスを集め、網羅的に比較するという研究を行っています。製薬会社に踊らされることなく、正しく薬の研究を行っている古川氏は、昔も今もずっと尊敬できる同級生です。彼の場合、早々と東大医学部を棄《す》てて、本当に尊

木村敏
きむら びん。1955年京都大学医学部卒。医学博士、精神病理学者。ミュンヘン大学神経科・精神科およびハイデルベルク大学精神科に留学後、69年より名古屋市立大学医学部教授。86年京都大学医学部教授、92年から日本精神病理学会理事長。94年京都大学を定年退官し名誉教授。河合文化教育研究所所長。

敬していた木村先生のところで学んだことが大きく影響しています。東大医学部にいたら、今のような研究はできなかったはずです。

鳥集 もし和田さんが今、医学生だったとしたら、どこの教授のもとに行きたいですか?

和田 うーん……すぐには思い浮かびません。東大医学部にはいないかなあ。少なくとも、精神科には一人もいません。

鳥集 私も学生の頃、木村敏氏や中井久夫氏*の本をよく読みました。文系の人たちにも、とても刺激的で面白い論考を書かれていたからです。この両氏のように、重厚な文化論や哲学を語れる医学部教授は、今は少ないように思います。

中井久夫
なかい ひさお。1959年京都大学医学部卒。51年に法学部に入学するも結核で休学、55年医学部に転向。精神科医。統合失調症の権威。75年名古屋市立大学助教授、80年から神戸大教授。95年の阪神淡路大震災の際、いちはやく被災者のこころのケアの必要性を提唱。97年退官。兵庫県こころのケアセンター初代所長。PTSD(心的外傷後ストレス障害)治療にも取り組む。

学閥なんて関係のない時代がもうすぐくる

和田　しかし、臨床となると話はまた別です。さっき鳥集さんが言われたように、チーム医療が大切になっている今、空気の読めない、独善的な人間を教授にすると、例の〝天野事件〟みたいなことが起こってしまうわけです。

鳥集　確かに、東大医学部から見たら、あれは〝事件〟かもしれませんね。2012年2月、天皇（現・上皇）の冠動脈バイパス手術を東京大学医学部附属病院でやることになったのに、東大医学部出身者には適任者がおらず、順天堂大学心臓血管外科教授の天野篤氏*を東大病院に呼んで執刀してもらったことです。私も何度か天野教授に取材をしたことがあります。天野氏は、以前から心臓外科医なら誰もが知っているほど腕がよくて有名でしたから。数多くの糸をかける必要がある心臓弁膜症の手術を見学させてもらったこともありますが、とても手際がよく、

天野篤
あまの あつし。1983年日大医学部卒。新東京病院心臓血管外科部長、昭和大横浜市北部病院循環器センター長・教授、順天堂大医学部心臓血管外科教授などを経て、2016年より順天堂大学医学部附属順天堂医院長。冠動脈バイパス手術の第一人者。12年、東大病院との合同チームの一員として現上皇の心臓手術を行う。

それは見事なものでした。しかし、それをもってしても東大病院が私立大医学部出身者を呼ぶのは、異例中の異例です。東大医学部のメンツは丸潰れでしょう。

この天野事件には、二つの意味があると思います。一つは、東大医学部に心臓手術、バイパス手術をする名医がいなかったということ。自分たちがその技術を持っていないということを公に認めたということです。

そしてもう一つは、それまで東大を中心に旧七帝大が必死に守ってきたはずの医学部の学閥など、実力の世界では意味がないと認めたことです。

和田　その通りなのですが、東大医学部が自ら認めたわけではないですよ。皇室医務主管*になる人というのは、基本的には東大閥を守り続けるのが仕事なわけです。ところが、金澤一郎氏*というのは、例外的と言っていいほど上皇への愛と忠誠があったのかもしれませんが……プライドよりも、天皇の手術成功を

皇室医務主管
皇室医療の統括者で、公の場に登場する。表に出てこない侍医は侍医長を含めて５人。

金澤一郎
かなざわ　いちろう。１９６７年東京大学医学部卒。神経内科の第一人者で、パーキンソン病など難病の研究に尽力。東大病院長、日本内科学会理事長などを歴任したのち、宮内庁の要請を受け平成天皇、皇后の内科系の診療を担当。２００２年から宮内庁皇室医務主管として、天皇の前立腺摘出手術や心臓バイパス手術などを指揮。16年没。

優先したわけです。

金澤氏は大変な勉強家で知られていた医者です。精神科にも理解のある人でした。天野医師の抜擢は大英断だったと思います。読者は当たり前だろうと思うかもしれませんが、それが当たり前でないのが東大医学部というところなんですよ。だから、金澤氏が亡くなられたのは残念なことです。

鳥集　私は2017年の『週刊文春』で2週にわたって〈ライバルが認める〝がん手術の達人〟〉という記事を担当しました。大腸がん、胃がん、肝胆膵がん、乳がん、肺がんの5分野について多くの外科医にアンケートを行い、腕も人間性も信頼できる外科医の名前を挙げてもらったのです。そのなかで複数の推薦があった外科医をリストアップしたところ、合計で126名の名前が並んだのですが、そのうち、東大病院の医師は肝胆膵外科に所属する准教授1人だけでした。

ちなみに、他の大学病院では、京大病院で4人、名大病院と順天堂大で3人の方の名前が挙がっています。20年近くにわたって医療現場を取材していますが、がんの分野に限らず、「手術が巧《うま》い」と高く評価される東大病院の医師は、肝胆膵外科以外、あまり聞いたことがありません。この分野だけ突出して評価されるのは、肝臓外科のパイオニアであった幕内雅敏氏*の功績が大きいと思います。幕内氏は、東大では珍しく臨床医の育成に力を入れた人でした。他大学の医学部教授になった門下生にも話を聞きましたが、手術の技術を教えられただけでなく、「その成果を英語の論文にもできなきゃダメだ」と、厳しかったそうです。

和田　そういう人格者もたまにいるんですよ。幕内氏より昔で言えば沖中重雄*氏なんかも、もはや伝説です。沖中氏は、政治力なんかじゃなくて、その研究だけが認められて医学部教授になった稀有《けう》な人だと聞いています。そして、教授になった途端に、「私は研究の長であると同時に臨床の長になった。これま

幕内雅俊
まくうち　まさとし。1973年東京大学医学部卒。外科医。国立がんセンター病院外来部外科医長、信州大学医学部第一外科教授、東京大学医学部第二外科教授などを経て97年より東京大学肝胆膵外科、人工臓器・移植外科教授、2007年から日本赤十字社医療センター院長。17年より医療法人社団大坪会東和病院名誉院長。信州大学時代に国内3例目の生体肝移植、以降多数の生体肝移植を実施。肝臓を8つの部分に分け、最小限の切除に止める「系統的区域切除術」を開発した。

沖中重雄
おきなか　しげお。1928年東京大学医学部卒。

ではあまり臨床をやってこなかったが、お前らに教えてもらうことはいくらでも教えてもらうから」と、医局員に教えを乞うたといいます。まさに、「実るほど頭を垂れる稲穂かな」の諺《ことわざ》を地でいくような人でした。

鳥集　謙虚な方だったそうですね。冲中氏には有名なエピソードがあります。1963年の東京大学での最終講義で、臨床診断と病理解剖の結果を比較しながら、「私の東大医学部教授在任中の誤診率は14・2％でした」とわざわざ発表したのです。

和田　幕内氏とか冲中氏のような人は、学生の頃から輝き方が違っていたと思うんですよ。さすがにこれを教授選で落としたらマズイだろうと、教授もビビるくらいの神々しさがあったのではないでしょうか。まあ、そういう逸材は、東大医学部といえども、10年に一人でしょうけれど。

医学博士。43年から東京大学助手、46年には同大教授に就任、63年退官。退官時の最終講義で、自身の教授在任中の誤診率を14・2％と発表したことで知られる。虎の門病院院長を務めたのち、冲中記念成人病研究所理事長。70年に文化勲章、75年に勲一等瑞宝章を受章。

鳥集　今度、政府の新型コロナウイルス有識者会議のメンバーに選ばれた黒川清氏も、その10年に一人の逸材だったのでしょうか？

和田　そうかもしれません。彼は第一内科で傍流の腎臓が専門だったし、医局にはあまりいないで、ずっとＵＣＬＡ（カリフォルニア大学ロサンゼルス校）の教授をされていました。だから、政治的なふるまいは一切していなかったはずです。もし黒川氏を教授選で落としたら、よその大学教授になって東大批判をするだろうという予感もあったのではないでしょうか。とてもアグレッシブな方でしたから。やはりね、アメリカの医学部を見てきた人なら、誰でも東大医学部のやり方に疑問を持つはずです。かく言う私も、多少なりともアメリカの医療機関で学んだ経験があるから、東大医学部の異様さに気づいたわけですよ。

鳥集　でも、先の天野事件により、東大医学部のなかにも、学閥や医局による政治力だけでなくて、本当に腕のいい外科医を育てないとまずいぞ、という危機感が生まれたのではないですか？

和田　あのタイミングで東大医学部は、自分たちの臨床の実力を客観的に考えなければ後がないですよね。メンツ丸潰れだったわけですから。２０１９年の上皇后美智子さまの乳がん手術*は東大病院でしたね。近藤誠氏ではないですが、80歳を過ぎて、初期の乳がんの手術をやる意味は本当にあったのだろうかと疑問に思います。心臓も心不全の兆候があるような状態なのに、手術をすることで必要以上に体力を落としてしまう可能性が高いです。もし金澤氏が生きていたら、どんな判断をしたのかなと考えてしまいますね。

鳥集　美智子さまの報道によって、「高齢でも乳がん検診を受けたほうがいいのではないか」と思う人がいたかもしれません

上皇后美智子さまの乳がん手術
２０１９年９月に美智子さまの乳がんの手術が東京大学医学部附属病院で行われた。ステージ１で、転移もなかったとされる。手術は東大病院の医師と、健康診断を10年以上担当してきた静岡県立静岡がんセンター乳腺外科の医師が協力して執刀した。

が、国は現在、75歳以上の乳がん検診は推奨していません。ましてや、84歳で外科手術というのは、異例中の異例です。幸いにも、無事成功され、それほど体力も落ちていないことは何よりでしたが、放射線治療だけにするとか、しばらく経過観察するという選択肢はなかったのでしょうか？

美智子さまは乳腺エコー検査で左胸に腫瘤《しゅりゅう》が見つかり、針生検による組織検査で乳がんと診断されました。ただし今回も、東大病院は上皇のときと同様に、静岡県立がんセンターの乳腺センター長・高橋かおる氏*を中心とした4つの病院が協力する体制を作っていました。執刀は東大病院の医師と高橋氏の両氏で行われたといいます。しかも、手術前の検査はがん研有明病院でも行っています。美智子さまはもう10年以上、定期的に乳腺検診を受けてきたと伝えられていますが、主治医はこの高橋かおる氏だったようです。今回も、東大病院の存在感があまり表には出ていませんね。

高橋かおる
たかはし かおる。1986年浜松医科大学卒。同年、東京大学第二外科入局。東京船員保険病院外科、東京都立墨東病院外科を経て、2006年より静岡県立静岡がんセンター乳腺外科部長。

和田　治療方針は、教授会の教授選考を通じて決まっていくようなところがあります。放射線治療の人間は、先の近藤誠氏の一件でもわかるように、いわば、外科系の教授にとっては商売敵《がたき》のようなところがあるんです。だから放射線科の教授は、通常、外科医にとって便利な放射線診断の人間が選ばれる。そのせいで、日本は放射線治療が死ぬほど遅れている。外科手術と放射線治療の比率を欧米各国と比べると、日本は圧倒的に放射線治療が少ないことがわかります。*

アメリカでは、がん治療は外科治療と放射線治療が半々くらいの割合になっています。しかし日本には外科医が2万人以上いるのに対して、がんの放射線治療医は500人強しかいなくて、相変わらず外科的に切除するのが主流です。圧倒的に外科の力が強いのも、日本のがん手術数が減らない理由です。

鳥集　昔東大では、幕内雅敏教授が率いる肝胆膵外科と小俣政男教授（千葉大卒）が率いる消化器内科の争いもありました。早

放射線治療の比率
日本における放射線治療の実施数は、欧米が60％前後なのに対して、日本は25％程度、実施件数の高い東京でも30％前後。

期の肝がんに対して肝切除術を行うべきか、それともエタノール注入療法やラジオ波焼灼《しょうしゃく》術のような内科的治療で行うべきか、論争があったのです。たまたま外科に来た患者は手術され、たまたま内科に来た患者はラジオ波で焼かれる。チーム医療が重視される現在ではおよそ考えられないような「診療科間の壁」もありました。

ところで幕内氏は、「今の時点で一番臨床能力がある人を教授に選ぶべきだ」と言い続けた方でしたが、多くの反対勢力もあったと聞きます。――不思議なのは、教授のほとんどは、同じ理Ⅲを出ているわけじゃないですか。教授会でいがみ合ったとしても、元はといえば、皆、同じキャンパスで学んだ人同士ですよね。それゆえの仲間意識というのはないものでしょうか？

和田　仲間意識というのは、野望と利権が絡むと忘れてしまうものなのでしょう。また、東大医学部の教授になるということは、実力だけではなく、運の善し悪しも大きく関係します。たとえば、41歳で教授になった人がいます。するとその科では、その人よりも年上の医師は、どんなに優秀であってもほぼ東大教授になれないことが確定されます。そういうシステム自体がおかしいと思いませんか。だから彼らは他の大学に、自分の居場所を求めて出ていくわけです。

全国の医学部で拡がる、脱・東大!

鳥集　東大医学部OBは、他の大学の医学部に比べて圧倒的に医学部教授率が高かったからそういうことができる、という見方もできます。東大医学部OBにとって「医学部教授」への道は、他の大学でもかまわなければ、当たり前のように開かれていました。

　東大医学部の前身である東京帝國大学医学部は、日本初の官立医科大学として設立されるわけですが、当時、明治政府が採

せ、各地の大学医学部を植民地化し

用したドイツ医学を普及させるという特別な目的を持っていました。当時の政府は、「東京帝國大学医学部出身者が、教官のなかに３人以上いなければ、医学校の設立を認めない」とまで指導していたといいます。敗戦後も、東大医学部はその権威にものを言わせ、全国各地の医師養成機関に数多くの教授を送り出し、そうやって、つい最近まで、安定的にＯＢを送り込める教授ポストを確保していったのです。

和田　しかし、東大教授というのは、常に自分たちが一番偉くて賢いと思っていますよ。次に偉いのは、他の国立大学の教授になったヤツで、３番目に偉いのが私立大学の教授になったヤツ。どこかの大病院の部長や、まして開業医をやっているヤツなんて、カスのなかのクズだと思っているんですよ。

鳥集　50代の東大医学部ＯＢからは、卒業生の半数が大学教員で、残りが有名病院の部長クラス、開業医をやっているのは１

「東大医学部はその権威にものを言わせていきました」

〜2割ほどだという話を聞いたことがあります。半数が大学教員というのは、かなり高い割合ですね。かつて私は、いくつかの大学の同窓会に協力してもらって、調査したことがありますが、卒後25年目（1989年度卒業生）のOBにおける、医学部教員の割合は、慶応が35％、金沢大学が18％、岡山大学が11％、久留米大学が15％、聖マリアンナ、兵庫医科大学は8％でした。

和田　だけど、東大医学部を出て若いうちに開業している医師は、成功する場合が多いんです。そうそう、東京医科歯科大学と群馬大学が「東大系」といわれているのはご存じですよね？

鳥集　他にも多くありますね。以前、「各大学医学部の教授数から、東大医学部OBと自校OBの割合」を調査したことがあります。

各大学医学部の教授数および東大医学部 OB と自校 OB の割合

大学名	1980 年 教授数（人）	うち東大（人）	東大割合（%）	2017 年 教授数（人）	うち東大（人）	東大割合（%）	うち自校（人）	自校割合（%）	不明（人）
群馬大学	31	19	61	42	6	14	21	50	4
筑波大学	50	25	50	79	6	8	40	51	2
東京医科歯科大学	35	21	60	55	6	11	29	53	2
東京大学	49	47	96	53	42	79	42	79	3
信州大学	36	10	28	40	1	3	11	28	0
横浜市立大学	30	14	47	41	2	5	16	39	0
獨協医科大学	45	17	38	43	10	23	7	16	6
自治医科大学	35	27	77	47	15	32	8	17	3
埼玉医科大学	41	18	44	38	8	21	3	8	4
北里大学	40	10	25	41	9	22	7	17	4
杏林大学	41	14	34	72	18	25	4	6	1
順天堂大学	45	36	80	54	11	20	19	35	0
昭和大学	50	24	48	41	3	7	20	49	7
帝京大学	43	38	88	54	32	59	0	0	1
東京女子医科大学	45	15	33	62	3	5	5	8	6
東京医科大学	43	11	36	63	4	6	28	44	2
日本医科大学	35	14	40	47	3	6	20	43	3
日本大学	29	13	45	45	1	2	26	58	4
防衛医科大学校	32	10	31	44	3	7	12	27	9
合計	755	383	51	961	183	19	318	33	61

＊ 2017 年 9 ～ 10 月にかけて、インターネットを使って調査を実施した。
＊病院教授、臨床教授、特任教授、客員教授などを除き、専任の教授のみをカウントした。
＊私立大学では原則主任教授のみとしたが、区別がつかず同一講座で複数の教授をカウントしている大学もある。
＊ 961 人の教授のうち、61 人（約 6%）の出身大学が不明。

出典：『医学部』鳥集徹著 文藝春秋 2018 年

1980年には、東大OBの割合は全体的に半数を占めていたのですが、2017年の調査では、3割にまで減少しています。特に、群馬大学をはじめとする地方大学で「脱東大」が進んでいることは確かです。これは各大学が東大に頼らなくとも、自校から教授を出せるだけの臨床と教育の実力をつけたということです。つまり、東大医学部OBでなくとも、医学部教授を目指せる時代になったわけです。

私立大学の医学部教授を務める東大医学部OBが、「このところ、東大医学部の卒業者が教授選に通らなくなって、危機感を持っている」と嘆くのを聞いたことがあります。

和田　その流れで、群馬大学出身の優秀な研究者が、群馬大学医学部の教授になるというケースがままありました。そのうちに、群馬大学医学部教授の半分くらいが群大卒で固められちゃった。すると、次からは東大出身の人が群馬大学の医学部の教授選に出ても、勝てなくなった。東京医科歯科大卒でも同じようなことが起きて、東大出身の人が割を食うような形になってしまいました。その流れを見ていた東北大学の教授たちは、東北の医学部の教授会を自分たちで固めなければと必死になったのです。それで現在、東北6県の医学部の教授会は、東北大学出身者が過半数を占めるようにキープしている。いわば、東北にある医学部はすべて、東北大の植民地なんですよ。

鳥集　そういう意味では東北においてはまだ、東北大学が独り勝ちなんですね。

和田　そのかわり東北大学ではいい人材がほとんど育たなくなってしまうというデメリットがあるわけです。たとえば、東北大学の精神科の教授であった佐藤光源氏*は、在任中15年ものあいだ、精神療法の論文に一つも博士号を与えませんでした。

私は東大を離れたあと、東京の浴風会病院*で高齢者医療の臨床の仕事に就きました。老年医学の原点をここで学ばせてもら

佐藤光源
さとう みつもと。1967年岡山大学大学院博士課程修了。83年岡山大学医学部助教授、86年より東北大学医学部教授、2001年から東北大学名誉教授、東北福祉大学教授。「schizophrenia」という病名の日本語訳を「精神分裂病」から「統合失調症」に変更するという活動で知られる。

浴風会病院
東京都杉並区にある13科目の総合病院。認知症疾患医療センターの指定を受けている。老年医学・老人医療・老年心理学など高齢者医療に関する調査研究で知られる。

ったのです。そのときにたまたま、東北大学の老年内科の教授と知り合い、「認知症の高齢者は、内科的アプローチだけでは足りない。精神科医にも手伝ってほしいので、うちに来てくれないか」と誘われたのです。その言葉に私は感銘を受けました。当時は、そういう考え方は非常に稀でした。東大医学部を含めて、日本中の老人科とか、老年科の教授は内科の先生が占めており、精神科の必要性を感じていなかったのです。

　ですから私は、快くその話を引き受けて、毎週、東京から東北に通うことにしました。それでしばらく手伝っていたら、「実は和田君は研究生扱いになっている」と言われました。そして、「あとは論文を書くだけで学位をくれるから、何でもいいから論文を出しなさい」と助言されたのです。学位にあまり興味はありませんでしたが、せっかくそう言ってくれるのならと、論文を出すことに決めました。

鳥集　何でもいいから書いてと言われたのですか？　それは東

科とか、老年科の教授は内科の先生

じていなかった」

北大学もちょっといい加減ですよね。

和田　3年に一度くらいしか落とされる人間がいないので、何でもいいという感じだったのでしょう。もちろん、私は「何でもいい」とは思いませんでした。そんな格好悪いことはしたくはなかったのです。私のその後のキャリアにも影響しますし。そこで私は、当時、アメリカの精神医学の雑誌に発表しようと思っていた「高齢者の精神療法」についての論文を提出しました。すると、先の佐藤光源氏が、「こんなのは論文ではなくて論説だ」と言って、私の論文を落としたのです。

その論文は日本人医師で初めてとも言える、「自己心理学」という精神分析での学派で、高齢者の精神療法を論じたものでした。その後、アメリカで発行される自己心理学の年間優秀論文を15本ほどセレクトする国際年鑑に収載されたのです。精神分析の世界で、国際レベルの雑誌や年鑑に論文が載っている現役の精神科医は日本に2～3人いるか、いないかなのですがね。

「東大医学部を含めて、日本中の老人が占めており、精神科の必要性を感

そのレベルの論文でも、統計処理をしていない、つまり生物学的でないのが気に入らないからという理由で「論説」であるとイチャモンをつけて落とす。一方、佐藤氏は、生物学的精神医学、つまり、薬を使った治療の論文なら、どんなにレベルが低い稚拙な内容でも合格させていたわけです。

もともと、佐藤氏が「精神科というのは薬だけではない」と口では言いながら、内心、心のケアを排斥し、「生物学的精神医学以外は精神医学にあらず」という高圧的な態度を取っていることは知られていました。そのせいで、東北大学を逃げ出して、東京の私立大学で心のケアを学び直していた医師もいたのは知っていますが。

鳥集　和田さんは佐藤光源氏から、個人的に何か恨みを買ったわけではないのですね？

和田　そんなことは何もしていません。博士論文の面接まで会ったことはなかったです。そもそも、東京の浴風会病院で働いていたところを頼まれて、タダ働きでわざわざ東北まで通っていたのですから。ただ単に佐藤氏は、自分がよく理解できていない精神療法も有用だと認めるのがイヤだったのでしょう。生物学的精神医学以外は精神医学ではないと思っていたはずですよ。

しかし、佐藤氏は東北大学を退官した後から、「精神療法は大切だ」とやたらと言い出したようです、私から言わせれば後の祭りです。現役を退いてから宗旨替えしてもただの自己満足であり、それによって生じた被害は回復しません。終戦を迎えてから、あの戦争は間違っていたと俺はずっと思っていたと宣《のたま》う戦犯と同じことですよ。医局にいた連中には、精神療法の論文を書かせなかったわけですからね。

鳥集　京大や東大の経済学部でいうと、戦後のアカデミズムはマルクス経済学*の左翼系派閥に押さえられていて、たとえ

マルクス経済学
カール・マルクス、フリードリヒ・エンゲルスが提唱した社会主義経済学のこと。経済が社会の土台（史的唯物論）であるとし、労働力を商品として売る労働者と、資本家の対立の源を分析した『資本論』が1867年に刊行された。

ば統計を使った経済学などをやったら「あいつは気に入らん」となって、教授になれなかったと聞きます。医学部でも、同じようなことが１９８０年代まであったわけですね。

和田　その通りです。さらに東北地方の医学部のマズいところは、佐藤氏が東北大学の精神科の教授だったがゆえに、山形大学や秋田大学など、すべての医学部の精神科が、生物学的精神医学に染まってしまったところです。本来学べるべきものを、教授の趣味によって学べなかったり、学ぶことによって不当な扱いを受けたりすることで、東北地方の精神療法家の育成に大きな悪影響を与えたのは疑いがないと私は考えています。

　何もこれは、いま鳥集さんが言われたマルクス経済学のような昔ばなしではありません。２０１１年の東日本大震災のときに、被災者のトラウマを診察できる医者が、ほとんど東北にはいなかった。精神科医が、今どきＰＴＳＤ*の心のケアのトレーニングを受けていない。これは大き過ぎる弊害でしょう。トラ

PTSD
心的外傷後ストレス障害（Post-Traumatic Stress Disorder）のこ

ウマは薬で治りません。だから、精神療法のトレーニングが必要なのです。

ちなみに、１９９５年に起きた阪神淡路大震災のときには、神戸大学の教授職には中井久夫氏がいて、被災者、特に子どものトラウマケアに陣頭指揮を取られた。これは２０２０年にＮＨＫで『心の傷を癒すということ』*というドラマにもなったので、ご覧になった方も多いでしょう。中井氏のような教授が、東北にいなかったのは残念でなりません。

医学部を飛び出して、地域医療や開業を目指す

鳥集　そうした経緯があって、和田さんは東日本大震災以降、被災地支援として無償で東北に通い、被災者のカウンセリングを行っていたのですね。災害に遭ったとき、人は被災直後に出る「急性反応」、被災後１ヵ月くらいのあいだに起きる「急性期症状」、それ以降に現れる「慢性期症状」の３つがあ

と。極度のストレス（戦争、犯罪被害、虐待、交通事故、自然災害など）精神的衝撃を受けるトラウマ（心的外傷）体験に晒されたことで、強い恐怖感や無力感、悪夢などの特徴的なストレス症状群が起こる状態。１９８０年の米国の精神医学会の診断基準でＰＴＳＤという呼び方が用いられるようになった。

『心の傷を癒すということ』　２０２０年1月にＮＨＫで放送された4話完結のドラマ。阪神淡路大震災に際して、自らも被災しながら他の被災者のこころのケアに奔走した若き精神科医、日本におけるＰＴＳＤ研究の先駆者となる安克昌氏の活躍を描く。主人公は柄本佑が演じた。

りますが、慢性期症状のケアを行う人が足りていないと言われています。

和田　そうです。東北にはトラウマを診ることができる精神科医がほとんど育っていないわけですから、わかっている人間が行って、微力かもしれませんが、少しずつでも診ていくしかないでしょう。私は、阪神淡路大震災のときには1年間神戸に通って、中井先生に紹介されたクリニックで、トラウマのグループ治療を毎週ボランティアで行っていましたから。

　もちろん、トレーニングを受けていなくても、熱意や独学で、あるいは本人のセンスでいい治療をしてくれる精神科の医者もたくさんいると信じています。あえて付言すれば、東北大学は佐藤氏の前の精神科教授の大熊輝雄氏*が人格者であった上に、古くは、古沢平作氏*以来の精神分析の勉強会のグループもあるようなので、それが救いです。しかし、本来学ぶべきものを学べなかったり、学ぶことによって不当な扱い

大熊輝雄
おおくま てるお。１９４９年東京大学医学部卒。精神科医。専門はてんかん、睡眠生理学、精神薬理学など。カリフォルニア大学、ハーバード大学で学び、順天堂大学の助教授を経て、東京大学講師、鳥取大学教授、74年に東北大学の教授に就任。85年に国立精神・神経医療センター副所長に就任。その後、総長を経て名誉総長。２０１０年没。

を受けることで、東北地方の精神療法家の育成に大きな悪影響を与えたのは疑いがないと私は考えています。

私が話していることは、一般の読者にしてみれば、精神科のことゆえ、もしかしたら些末《さまつ》なことと感じるかもしれません。しかし、これがたとえば消化器内科の話だったとしたら、どうですか？　肝臓の専門医が医局のトップになり、肝臓以外の臓器を専門とする消化器内科を目指す人間を潰していけば、早晩その地域では、胃カメラをちゃんと覗ける医師が一人もいなくなってしまうということですよ。

鳥集　東日本大震災の後、東北医科薬科大学*が地域医療に貢献する医者を育成しようという名目で生まれ変わりました。しかし結局、大学に人を集める装置にしかなってないんじゃないかといわれていましたね。

和田　その通りです。東北医科薬科大学だって地域医療をやる

古沢平作
こざわ へいさく。1926年東北帝國大学医学部卒。精神科医、医学博士、精神分析学者。31年より東北帝國大学医学部精神科教室助教授。アカデミズムの世界に精神分析学を初めて導入したのは丸井清泰（1886～1953）東北帝大教授だとされるが、正統的精神分析療法を広めたのは丸井の門下であった古沢だったという。フロイトのエディプス・コンプレックスが父子関係を重視するのに対し、早期の母子関係に注目した独自の阿闍世（あじゃせ）コンプレックス理論を唱えた。

東北医科薬科大学
仙台市青葉区にある大学。東日本大震災の復興支援を目的に、国内で37年ぶりに医学部の新設が認め

という名目で認可を受けたのに、東北大学がここぞチャンスだと思って教授ポストをガガと抑えにかかったために、実際は、地域医療とは関係のないような指導教授がそろってしまったようです。

そういう意味では、東北大学というのは東大の悪い点を全部引き継いでいるようなところがあるんですよ。東大の場合は善きにつけ悪しきにつけ、まだ逆らう奴が何人か出てくる土壌がありますす。東大の医学部を出て外資系企業に行くとか、ヘンな奴が何人か出るわけですよ。ところが東北大学というのは、そういう土壌もなかなか生み出せていないようです。教授に従順にしていたら、能力的には無理でも、どこかの地方大学の医学部の教授にしてやると言い含められて、逆らえない教育をやっているように見えます。

鳥集　せっかく新しい風を吹かせようとしても、旧態依然とした医学部にスポイルされていく……。

られたもの。医師の都市部への偏在をなくし、地域定着させるため、独自の体験学習のカリキュラムを展開している。

東大話法
東京大学東洋文化研究所の安冨教授が提唱した、学歴の高い人間が日常生活でも頻繁に使う責任逃れの話法のこと。福島第一原発事故のあと、政府関係者、東電関係者、原子力専門家たちが奇妙な言い回

和田　そうです。東大話法*という言葉は、安冨歩氏*が発明した言葉ですが、まさに東大話法に言い負かされちゃうのです。さらに東大教授たちの強みというのは、同級生に文科省の役人がいるということです。

鳥集　なるほど。昔の医学部では、「教授が黒と言えば黒」「白と言えば白」という権威主義が蔓延《はびこ》っていたと言われましたが、自分は間違っていると思っても、東大話法に逆らわず、言うことさえ聞いていれば、最低限の出世は保証される。だから、みんな自分の意見が自由に言えず、独創的な研究もできなくなって、逸材がスポイルされてしまうのですね。

しかし、東大理Ⅲに受かるような才能の持ち主には、そうした悪い風潮に流されずに、自分の道を貫いてほしいと願います。しかし、もし、自分が上の人たちにスポイルされていると感じたら、どう振る舞えばいいのでしょう。

しで責任逃れをしていることに教授が気づき、自分の周りにもいるとして「東大話法」と名づけた。公平を装いながら、ややこしく権威たっぷりに自分の正当性を語ることで、どんなウソでも相手に納得させてしまう力のある話法だという。

安冨歩
やすとみ　あゆむ。1980年京都大学経済学部卒。2年間の銀行勤務を経て、97年に京都大学大学院経済学研究科から博士号を取得。2000年、東京大学大学院総合文化研究科助教授を経て09年に同大東洋文化研究所教授。14年から女性装。『もう「東大話法」にはだまされない「立場主義」エリートの欺瞞を見抜く』（講談社）で知られる。

和田　現在医学部生の人たち、もしくはこれから医学部を目指す人には、もしも変な教授にスポイルされていると感じたら、無理して大学に残らずに、開業医になるだとか、地域医療をやるだとか、後は、先ほども話したように、心ある企業の研究チームに入るとか、あるいは国境なき医師団に行くだとか、いろんな道があるということを知ってほしいのです。

研究職は医学部に留まるべきか？　企業に行くべきか？

鳥集　ただ、大学の研究職と企業の研究職では、少し様子が異なるでしょう。大学は、答えを見出せなくても一生食べていけますが、企業の場合は、市場ニーズや製品実用化を意識して研究をしていかなくてはいけません。もし発明に成功しても、その発明品が商品としてヒットしなければ、企業はその人を評価しません。

方法があるプレッシャーのほうが

たとえば、吉野彰氏が発明したリチウムイオン電池も、ＩＴ革命が来るまではまったく売れなかったそうです。吉野氏はノーベル賞受賞決定後の記者会見で「発売後の3年はまったく売れずに精神的に追い詰められた。開発費もかさんでいたし、真綿で首を絞められるような感じだった」と発言しています。大学よりは研究の自由度があるものの、会社が莫大《ばくだい》な研究費をかけた商品を何年かけて黒字にできるかどうかのプレッシャーに耐えるタフさがなくてはいけない。

和田　しかし、同じプレッシャーでも、上の教授から、わけのわからない言いがかりや嫌がらせを受けて生まれるプレッシャーよりも、自分の研究で儲かるか、儲からないかという、明確な克服方法があるプレッシャーのほうが耐えやすいと思いますよ。今、我が国で何かしらの研究に従事している人はおよそ80万〜90万人いるといわれていますが、そのうちの6割が企業勤めだといわれています。

「同じプレッシャーでも、明確な克服

耐えやすいと思います」

日本の研究主体別研究費の推移

- 日本の研究費を研究主体別の使用状況からみると、企業が全体約 70%、大学が約 20%、公的 機関が約 7 %を占めており、この比率はほぼ一定。
- 2016 年度は、企業 13.3 兆円 (前年度比 2.7%減)、大学 3.6 兆円 (1.1%減)、公的機関 1.3 兆円 (同 7.3%減)、非営利団体が 0.2 兆円 (同 2.7%減)。

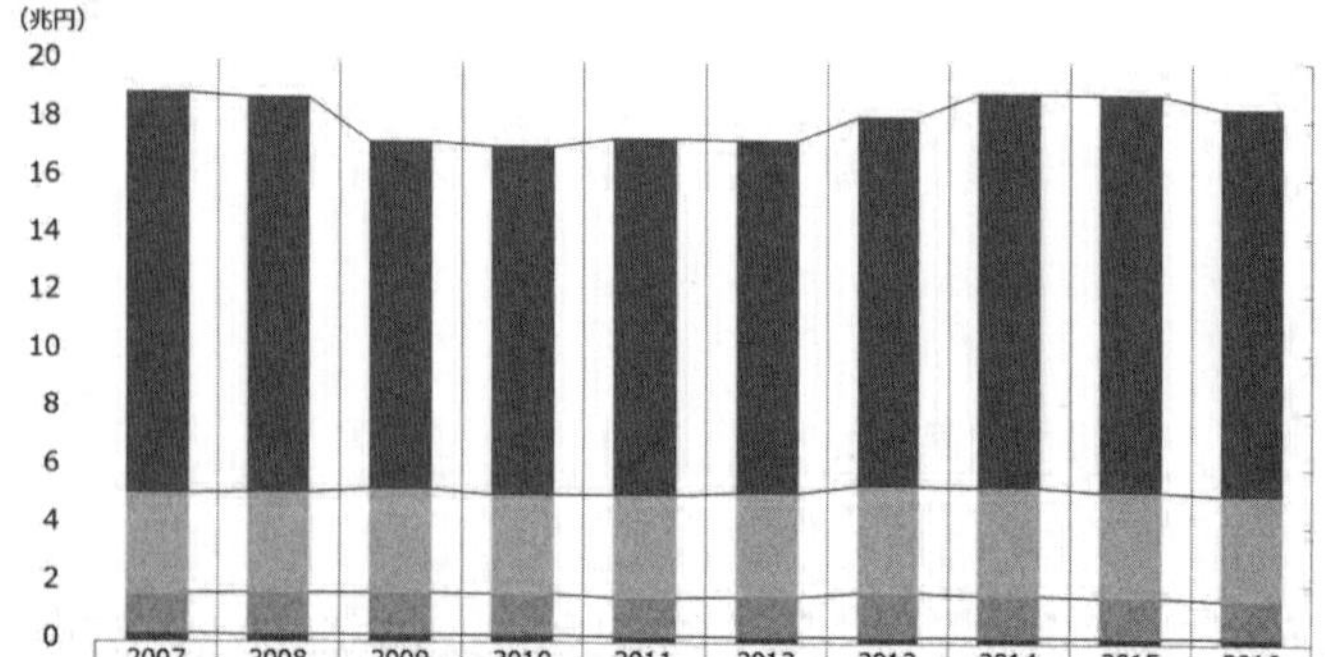

	2007	2008	2009	2010	2011	2012	2013	2014	2015	2016 (年度)
■企業	13.8	13.6	12.0	12.0	12.3	12.2	12.7	13.6	13.7	13.3
■大学等	3.4	3.4	3.5	3.4	3.5	3.6	3.7	3.7	3.6	3.6
■公的機関	1.4	1.4	1.5	1.4	1.3	1.4	1.5	1.5	1.4	1.3
■非営利団体	0.3	0.3	0.3	0.2	0.2	0.2	0.2	0.2	0.2	0.2

出典：総務省科学技術研究調査 (総括 / 第 4 表 研究主体、組織、支出源、支出別内部使用研究費 (企業、非営利団体・公的機関、大学等)/ 総額) を基に経済産業省作成。

統領と同じくらいの権力を持ってい

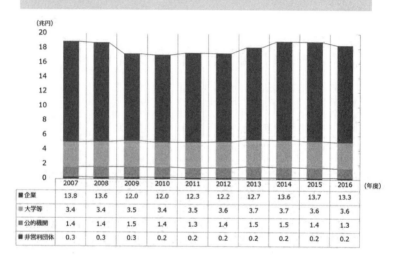

鳥集　海外に比べると日本の研究開発予算は圧倒的に安いとは言われていますが、企業のほうが研究費も比較的潤沢に使えますしね。

和田　「企業に行くヤツは馬鹿だからだ。大学にいられなかっただけだ」とマウンティングをしてくる大学教授も未だにいるかもしれませんが、実際はそんなことはありません。そんなことを言う彼らこそ、井の中の蛙《かわず》であるということを知ってください。大学医学部の教授は、医局の人間からすれば、トランプ大統領と同じくらいの権力を持っているように見えるかもしれませんが、それがもう洗脳されている証拠です。教授選で教授を選ぶというシステム自体がもう異常なわけです。

「医局の人間からすれば、トランプ大統領と同じくらいの権力を持っているように見えるかもしれません」

東大医学部教授も3年に一度は総選挙を！

鳥集　多くの大学では、教授選は公募制で行われます。しかし、東大医学部は今も学内の選考委員会で候補者を選出する仕組みだと聞きました。具体的には、どのように行われるのですか？

和田　学部長を含めて、関連の科の教授が5〜6人集まって選考委員会が作られます。その選考委員会の教授がそれぞれに、自分のお気に入りの候補者を10人ずつくらい候補者としてリストアップするのです。もちろん、誰がリストアップされているかは秘密にされます。そこから会議を重ねて、5人程度までに絞り込んでから、候補者に連絡がいきます。業績をまとめたペーパーを出すようにと指令がきます。さらにそこから3名くらいに絞り込んで、初めて本人に、「あなたは教授選に出られますよ」と正式な通知がくる。そこで断る奴なんて、もちろんいません。医学部内で投票権を持つ「代議員会」で選挙となりま

ロドロの世界ですよ」

す。この代議員会は、基礎と臨床の教授がだいたい半数なのですが、臨床は他にもポストが多くあるじゃないか！　と基礎の教授たちが主張し続けたため、徐々に基礎の教授の声が大きくなったという歴史があります。

鳥集　かなり特殊なやり方ですよね。選考委員会を立ち上げてから、選挙に至るまでの期間はだいたいどれくらいなのですか。

和田　半年はかけるはずです。選挙運動は、学閥意識にまみれたドロドロの世界ですよ。当然、力を持った教授が推薦する人間が有利ですから、候補者はみんな、偉い教授に取り入ろうと必死にアピールをしていきます。つまり、研究どころではないですよね。政治力がある候補生が結局は選ばれていきます。

そうした状況下で、「こいつは俺を抜きそうにないな」という出来の悪いのが教授に選ばれたり、准教授として推薦する人がいたりするのも当然です。中小企業の社長が、ナンバー２は、

「選挙運動は、学閥意識にまみれたド

絶対に自分より馬鹿を選ぶというのと同じ行動原理です。人間智がないヤツが多いのです。だから、患者に対してもとても冷たい態度に出る人も多い。

そうしたドロドロを払拭《ふっしょく》し、公平性を保つために何を担保にするかといえば、論文の数しかないわけです。それで、クズ論文をいっぱい書いている人が教授になってしまうケースが出てきてしまった。だから、インパクトファクターというのが導入されたわけなのですが……。

鳥集　医学部の教授選はインパクトファクター偏重と言われています。インパクトファクターとは、文献引用影響率のことで、該当の学術誌に掲載された論文がどれくらい他の論文に引用されたかを示す指標です。『ランセット』とか『ニューイングランド医学雑誌』『サイエンス』といった、世界に影響力がある学術誌に掲載されるほど、インパクトファクターは高くなります。つまり、インパクトファクターの高い雑誌に論文が多く掲

施する支援体制が乏しいのです」

載された人ほど、教授選に有利になるという仕組みです。

しかし、裏を返せばインパクトファクター重視は、臨床軽視につながります。なぜかと言えば、日本では欧米に比べて臨床研究を実施する支援体制が乏しいのです。臨床研究で画期的な成果を出すには、たくさんの患者さんに被験者になってもらう必要があり、多額の研究費がかかる上に、成果が出るまで何年もかかってしまいます。

一方、試験管の細胞やマウスなど動物を対象にした基礎研究は、短時間で一応の結果が出やすい。そのため、日本の医学部では、医師たちが臨床系の教室に入っても、基礎研究で論文掲載を狙うという流れがずっと続いているのです。

和田 インパクトファクター偏重主義は結局、これまでの研究重視、臨床軽視に拍車をかけただけなのです。だからもっと客観的な業績で選ぶだとか、第三者機関を作って、損得の関係のない人たちが選ばない限りは、日本の医療は絶対に改善しませ

「日本では欧米に比べて臨床研究を実

ん。もしくは3年に一度くらいの頻度で、ＡＫＢみたいに総選挙をするべきなのです。

鳥集　日本の場合、厚労省が発行する医師免許*は、無期限に有効とされています。逆に言えば、医学部卒業後に医師国家試験に合格すれば、よほどの犯罪でも起こさない限り、医師の立場が死ぬまで国から保障されるわけです。

一方、アメリカの医師免許は、国ではなく州政府（State Medical Board）が発行しますが、どの州でも更新制です。期間は州ごとに異なりますが、医師免許には運転免許のように有効期限があって、たいてい1～2年で更新し続けないといけないことになっています。

更新するためには、数十ドルから数百ドルの更新料とともに、生涯教育制度（CME：Continuous Medical Education）の単位を取ることが必須です。「医療は常に進化するサービスである」という観点から、どんなベテランの医師であっても、生涯教育を受

医師免許
医師国家試験に合格すると、医籍に登録されて交付されるのが医師免許証。数十年も前に医大を卒業して医師免許を得た医者が、そのまま一度も資格を更新することなく、死ぬまで現役の医者でいられる。

けなければなりません。日本の専門医の更新制度のようなものが、アメリカでは医師免許そのものに課せられているわけです。

和田　まあ、アメリカのように医師免許までを更新制にしろとは思いませんが、教授職においては、更新制に賛成です。同時に、教授になってから書かれた論文を正しくチェックしていく機関があればいいと思います。ある程度の年齢になると、論文の内容は総説のようなものばかりで、新規の研究はほとんどないと言っていいでしょう。あとは、部下の書いた論文に名前だけ載せて、自分の手柄にしてしまうとか。

こういう批判をすると必ずや、「開業医の和田は、医学部教授がいかにデスクワークや会議で忙殺されるか実態を知らないから、呑気《のんき》にそんなことを言っているのだ」と反論してくる教授がいます。でも、会議で忙殺されて、本当はやりたい研究ができないというのなら、本末転倒でしょう。准教授に戻ればいいのです。しかしながら、「俺は好きな研究をずっとやりたいから准教授で頑張る」という教授を見たことがありませんね。あるいは、はるかに研究環境として恵まれている理化学研究所のディレクタークラスの人が、東大教授に選ばれて断った話も聞きません。もしくは、会議が多忙過ぎて研究ができないと言うのなら、あらゆる審議会の委員を、教授ではなく准教授以下の若手に出てもらうようにするとか。そのほうが、会議だってよほど進歩的な議論ができるでしょうしね。

鳥集　確かにそうですね。多忙を理由に研究ができないというならば、京都大学の山中伸弥*氏はどうなるんだと言いたいですね。

和田　そうなんです。山中氏のように、ノーベル賞を取って偉くなってもずっと地道に研究を続け、しかも研究費を集めるために自らの時間を犠牲にしてメディアに出ているような人は、東大医学部には見当たりませんよね。

山中伸弥
やまなか しんや。1987年神戸大学医学部卒、同年、大阪市立大学医学部整形外科学教室入局。93年同大学大学院薬理学専攻修士課程修了。医学者。2004年より京都大学再生医科学研究所教授、10年より同大学 iPS 細胞研究所所長。成熟した細胞を、多能性を持つ細胞「人工多能性幹細胞(iPS 細胞)」へと初期化できることを発見した功績で、ジョン・ガードン卿(英国ケンブリッジ大学ウェルカム・トラスト/英国癌研究基金ガードン研究所教授)とともに12年ノーベル生理学・医学賞を受賞。

間違ってほしくないのですが、これに関しては京大が素晴らしいのではなく、山中氏が素晴らしいのだと思います。それに、皆さんはもう忘れているかもしれませんが、山中氏は京大の医局でiPSの研究をしていたわけではありません。彼があの研究に着手したのは、奈良先端科学技術大学院大学でのことでした。もしも彼が京大の医局にいたら、きっと上から潰されていたか、誰かに手柄を奪われていた可能性もあります。

もっと言うなら、東大医学部は、奈良にいたときに山中氏を引っ張るチャンスがいくらでもあったはずです。しかし、きっと東大の教授会のなかに自分より目立つ人間を採るのを面白くないと考える老教授がいたのでしょうね。出る杭《くい》は打ちのめす。それが、東大医学部の老害です。

鳥集　しかし、たとえば東大医学部でAKBみたいに教授総選挙をするとして、何を視点に選挙をするのかが問題になってくるでしょうね。

和田　アメリカでは、医学部に限らず、ディーン（dean）という肩書の人がいます。いわば教授のスカウト的な立ち位置で、教授（アメリカの場合はこれも若くてなれることが多い）と比べて比較的若い人がなるのですが、学校の運営に関しては、大学の学長や重要ポストの人たちと常に連絡を取る特別な権限が与えられます。さらに、優秀な教授を他の医学部からスカウトする職務も与えられます。日本でも、学部長を英語にするとき、「dean」と訳されることが多いですが、内状はだいぶ違うのです。

また、アメリカでも日本と同様、毎年、メジャー雑誌が「医学部ランキング」のような特集を載せるわけですが、優秀な教授を引き抜いた大学のランキングが翌年に一気に上がったりするわけです。それはつまり、ディーンが優秀かどうかにかかっている。

たとえば、信じられない話かもしれないけど、ビジネススクールで一時期、ランキング1位だったのは、理系と考えられて

MIT（マサチューセッツ工科大学）　川を挟んでボストンの対岸、マサチューセッツ州ケンブリッジにある工科大学。専攻分野は大きく「工学」「人文科学・社会科学」「理学」「経営学」「建築学・都市計画」に分かれている。世界大学評価機関の英国クアクアレリ・シモンズ（Quacquarelli Symonds）が２０２０年に発表したQS世界大学ランキング（QS World University Rankings）２０２１では、「マサチューセッツ工科大学（MIT）」が2位の「スタンフォード大学」、3位の「ハーバード大学」を押さえて1位。１００位内に入った日本の大学は24位「東京大学」、38位「京都大学」、56位「東京工業大学」、72位「大阪大学」、79位「東北大学」の5校。

いるＭＩＴ*（マサチューセッツ工科大学）だったんですよ。スタンフォード大やハーバード大を押さえてです。つまり、どんな教授を引っ張ってくるかで、客観的な評価が変わるのです。日本の医学部では考えられないことでしょう。

鳥集　まるで大リーグのスカウトみたいですね。和田さんが留学されていたとき、変わった学生はいましたか？　欧米では、日本の医学部に該当するメディカル・スクールで、４年間リベラルアーツ*も履修してから入学します。アメリカにおけるメディカル・スクールは４年制の専門職大学院であり、職業訓練的な色合いが日本よりも強いです。メディカル・スクールに入学するための条件は、４年間の大学教育を受けた学士号保有者（専攻は問わず）であることで、メディカル・スクール入学のための共通試験があります。よってアメリカには、偏差値の高い子に限定した、熾烈《しれつ》な医学部受験戦争のようなものはありません。

リベラルアーツ
「教養教育」のこと。大学の一般教養に代表される分野に留まらず、答えが出にくい問題に対処していく真の教養を身につける学問。リベラルアーツという言葉は元々ギリシャ・ローマ時代の「自由７科（文法、修辞、弁証、算術、幾何、天文、音楽）」に起源があるとされ、人間を自由にする技として発展してきた背景がある。

和田　私がカール・メニンガー精神医学校にいたときは、たとえばソーシャルワーカーを20年やっていた人がいましたね。医学を知らなければこの国の福祉は変えられないと気づいてメディカル・スクールに入ってきた人もいました。あるいは、自然食品店を10年経営して、もっと国民を健康にしたいという思いから入ってきたなど、面白い経歴の社会人学生がたくさんいました。つまり、メディカル・スクールに入る動機は、リベラルアーツを学んだり社会経験を積んだりして、医学・医療の重要性に気づいたからという人が多いのです。

　そう考えると、東大医学部教授というのは、やはり井の中の蛙だと思いませんか。そもそも、医学部以外の東大の理系学部は、それほど教授が威張っていません。威張りたいヤツは、官僚や有名企業に就職するわけで、本当に研究をしたい人が残りますからね。野心と名誉欲にかられて教授になるという点で、医学部だけが東大のなかでも特別なんです。

部は、それほど教授が威張っていません」

鳥集　欧米では、理系の優秀な子どもたちほど、バイオサイエンスやコンピュータサイエンスの研究者を目指すそうです。将来性もあり、面白味も感じるのでしょう。さらに優秀で野心的な学生は、そうした技術を用いて、ベンチャー起業家を志していいます。メディカル・スクールに進学する人たちはむしろ、そこまで才能はないけれども、手に職をきちんとつけたい人が多いと聞いていいます。偏差値トップの人が行く日本の医学部とは発想が逆ですね。

和田　日本でもいずれそうなっていくのではないでしょうか。医学部人気は、いつまで続くのかわかりませんね。医学部教授になりたがる人も、いずれは減っていくのかもしれません。東大を出て、はじめから開業医を目指す人がもっと増えればいいのですが。

「そもそも医学部以外の東大の理系学

鳥集　開業医や地方の病院で働くことを負け組だと思わずに、自分は在野で、地域医療で成功するんだと思う人もいてもいいはずなんですよね。

和田　実は地域医療の成功者を東大医学部はものすごく生んでいます。もともと、地域医療の原点は、先ほどから言っている赤レンガ闘争の人たちと共闘してきた内科医師連合や外科医師連合に端を発していますからね。たとえば長野の諏訪中央病院で後に政治家になる今井澄*氏などがその象徴です。

鳥集　鎌田實*氏は東大医学部卒ではないけれども、東京医科歯科大学時代は全共闘で、今井氏の後継者として諏訪中央病院に入ったんですよね。

和田　彼らより前の世代でも東大医学部の医師たちは地域医療を牽引《けんいん》してきました。農村医療の父といわれた佐久総合病院の

今井澄
いまい きよし。医師。1958年東京大学医学部に入学するが、在学中にピークに達した東大紛争で全共闘のリーダー的存在となり、1969年の安田講堂攻防戦では防衛隊長を務めた。60年安保闘争で退学処分、翌年復学。70年に医師免許を取るまでに3度退学、復学を繰り返した。74年から諏訪中央病院勤務、80年から院長。院長就任までに東大時代の紛争で2回服役している。88年に鎌田實に院長を譲り、92年日本社会党から立候補、参議院議員となる。2000年に発症した胃がんにより02年没。

鎌田實
かまた みのる。1974年東京医科歯科大学医学部卒。医師、作

若月俊一氏[*]もそうですし、あとは、「すべては患者さんのために」というモットーを掲げ、地域医療の原点と言われた、旭中央病院の諸橋芳夫氏[*]のことも忘れてはならないでしょう。彼らは皆、学生運動から地域医療を立ち上げていきました。最初は大学とケンカ別れして地域医療を志すのですが、いざやってみると、彼らの能力が高いものだから、あっという間に田舎の病院を大きくしてしまうのです。

鳥集　諏訪中央病院、佐久総合病院、旭中央病院……どの病院も、地域医療の拠点病院として有名で、研修先としても若手医師に人気です。

出世欲や名誉欲とは無縁の世界で楽しく生きる

和田　そういう意味では、東大医学部に入る人の能力というのは、決して暗記力だけではないのがわかります。名誉欲や金に

家。30代で諏訪中央病院院長となり、現在は名誉院長。ベラルーシ共和国に医師団を派遣、イラクの小児病院へ医薬を送るなどの人道支援を続けている。著書多数。

若月俊一
わかつき しゅんいち。学生運動による無期停学を経て復学、1936年に東京帝國大学医学部卒。
医師。東大分院外科局に入るも満州に出征、帰国後軍医学校に学ぶが、結核で除隊。44年、治安維持法違反で逮捕拘禁される。45年長野県農業会佐久病院の外科医長に就任、農民のために尽力すると誓う。49年同病院院長、93年同病院総長、98年名誉総長。農村医療の父と呼ばれる。2006年没。

溺《おぼ》れることなく、何をやりたいのかが明確な人は皆それぞれ、医学部の外で力を発揮されているのです。

地域医療に限らず、現に医学部を飛び出して普通に臨床医をやっている人は優秀ですよ。実は私事ですが、2年くらい前に血糖値が急に660mg／dℓになったことがあったんです（空腹時血糖の正常値は110mg／dℓ未満）。同時に2ヵ月くらいで、体重が10キロも減ってしまいました。これはもう、絶対に膵臓がんだと言われて、いろいろな検査を受けたのです。

鳥集　血糖値が660で、2ヵ月で10キロ減ですか？　それは尋常ではないですね。膵臓が急にインスリンを出さなくなったと思われたんですね。

和田　これはもう膵臓がんだと思うでしょう？　私も一時期は腹をくくりました。もし、膵臓がんだと正式に診断を受けたなら、積極的な治療は受けないで、人生の最期に好きな映画を撮

諸橋芳夫
もろはし よしお。1942年東京大学医学部卒。医師。52年から旭中央病院院長。74年に藍綬褒章、91年には勲一等瑞宝章を受章。旭市名誉市民。70年より長く全国自治体病院協議会会長を、83年から日本病院会会長を務め、日本の病院組織のリーダーとして、医療の質の向上、療養環境の改善整備に尽力した。

って終わりにしようと考えていました。ところが、検査を受けてもがんは見つからなかったのです。それで、誰か相談できる相手はいないかと思って、東大医学部の同級生だった岡本卓氏*に相談をしました。

鳥集　岡本氏は、糖尿病やアルツハイマー病関連の書籍を出されている方ですね。極端な食事療法や、投薬、インスリン注射主体の糖尿病治療に警告を鳴らしておられる。

和田　そうです。岡本氏は、当時から秀才でした。彼は開成高校を一番で出て、多分、東大の医学部も一番で出ているはず。理Ⅲ時代に教養学部での成績で平均点91点くらい取っていました。私なんて、歯牙にもかけてもらえないような秀才だったのですが、なぜか仲良くしていたのです。

鳥集　結局、和田さんは岡本氏に診てもらって「膵臓がんでは

岡本卓
おかもと たく。1985年東京大学医学部卒。医師、医学博士。ハーバード大学医学部博士研究員・講師、クリーブランドクリニック助教授などを経て、2009年、北海道北見市に愛し野内科クリニックを開院。糖尿病の専門家。

ない」と診断されたということですか？

和田　ええ。幸いにも検査の結果、膵臓がんは見つからなく、2型の糖尿病と言われました。私は岡本氏の説を以前より支持していたので、インスリンの出ない1型ならともかく、2型の糖尿病でバカの一つ覚えみたいなインスリン治療だけは嫌なんだけど……と相談したわけです。すると岡本氏は、NTT関東病院の林道夫氏*を紹介してくれました。林氏も、私と岡本氏の同級生なんです。

林氏も岡本氏に負けず劣らずの優秀な学生でした。今、私は林氏の指導の下、インスリン注射も極端な食事制限もせずに血糖コントロールをしています。彼の目標とする血糖値より多少は高いのですが、大好きなワインも変わらず飲んでいますよ。

鳥集　経歴を拝見すると、岡本氏は理化学研究所脳科学総合研究センターのチームリーダーを務めておられたそうですが、も

林道夫
はやし みちお。1985年東京大学医学部卒。糖尿病、内分泌科が専門。NTT東日本関東病院糖尿病内分泌内科部長。

ともとはアルツハイマーの研究をされていたのですか？

和田　いえ、東大医学部にいたときは、岡本氏は糖尿病の研究科にいました。それがアメリカに留学したら、なぜかアルツハイマーの研究者に鞍替《くらが》えしており、アルツハイマー関連の優れた論文を書いたんです。それで、日本に戻ってきて理研のアルツハイマーの部門のディレクターに選ばれました。でも、理研に入った途端に、アメリカから「資料を持ち出した」という嫌疑をかけられてしまい、スパイ容疑で訴追するという話になり、二度とアメリカには行けなくなったそうです。

日本は、青色発光ダイオードの発明でノーベル賞を取った中村修二氏が日本の金で研究したものをＵＣＳＢ（カリフォルニア大学サンタバーバラ校）に持っていって教授になっても、スパイと言われないどころか、国民の英雄として尊敬されるのに、アメリカはちょっと資料を持ち出したらスパイで訴えられる。日本は本当におめでたい国ですよ。

岡本氏はその後、オホーツクの病院に勤務しながら東大で学位を取得して、今は北海道の北見市で開業をしています。2型糖尿病にインスリンは不要だとはっきり言っています。彼は、開業をしたから大きな声で本当のことを言えるようになりました。

鳥集　岡本氏はインスリン治療どころか、今やメジャーな食事療法となった糖質制限もダメだと言い続けていますよね。興味があって一度、取材を申し込んだのですが会えなかった人です。それにしても、開成から東大医学部を出てアメリカでアルツハイマー研究者になった人が、なぜ北海道の、それも札幌ではない場所で開業したのか疑問に思っていたのですが、そういう理由でしたか。

和田　でもそれが、正解だったのです。彼がそのまま東大医学部に残ったら、早晩潰されていたか、本当のことを言えなくな

早晩潰されていたか、本当のことを

っていたでしょうね。

せっかくなので糖尿病の話を少し続けます。私が、日本の糖尿病の専門家と称する人たちを信じないのは、実は今に始まったことではないのです。浴風会病院で働いていた頃からです。浴風会の糖尿病の先生の追跡調査で、高齢者は多少血糖値が高くても、死亡率が低下しないという論文を出していたのに、その結果は糖尿病学会から無視され続けました。

ご存じの通り、糖尿病は1型と2型があります。1型の糖尿病は、インスリンが出なくなるという生まれつきの病気だから、インスリンを入れるのが当たり前なのですが、2型は、インスリンが出なくなるのではなく、レセプターに問題が生じている病気なのです。場合によっては正常の人よりもインスリンがたくさん出ていることもあります。それなのに、2型糖尿病の人に、1型と同じようにインスリンを打ちまくるという日本の糖尿病医療の医者たちのセンスが理解不能です。

さらに、HbA1c（ヘモグロビンエーワンシー＝1、2ヵ月前の血糖状

「彼がそのまま東大医学部に残ったら、言えなくなっていたでしょうね」

態を示す糖尿病の主要な血液検査値）による糖尿病の治療の目標値は8・0％までという説と、8・5％までという説とがあります。少なくとも従来の6・5％までとするよりも、そっちのほうが死亡率が低いというデータが出たにもかかわらず、日本糖尿医学会はずっと認めなかった。やっと認めたのは4、5年前です。アメリカに10年遅れですよ。

鳥集　糖尿病といえば、東大医学部で「糖尿病・生活習慣病予防講座」特任教授になっている門脇孝氏*は、論文不正疑惑などで告発されて、国会でも問題になりました。ディオバン事件*の直後です。結局、東大の内部調査で「不正はなかった」とされました。ですが、門脇研究室には、MRさんの行列ができていたとも報じられています（『週刊現代』〈東大教授6人が論文捏造!? 日本医学界の『最高峰』で起きていること〉2016年9月30日）。

　また、新薬が出ると、それに関連した医師向けの講演会を行い、製薬会社から多額の講師料を受け取っていたことも明らか

門脇孝
かどわき たかし。1978年東京大学医学部卒。医師。東京大学医学部助手、講師、助教授を経て、2001年同大学糖尿病・代謝内科助教授、03年から教授。11年から15年まで東京大学医学部附属病院院長。2016年に、「Ordinary researchers」という匿名の個人またはグループによって、東京大学の医学・生命科学系の論文22報が「研究不正が疑われる」として告発された。その対象となった一人が門脇氏で、ディオバン事件で臨床研究の不正が指摘された小室一成・現循環器内科教授の論文も含まれていた。
　また、門脇氏が病院長を務めていた当時、黒川峰夫・現血液・腫瘍内科教授が研究代表を務める白血病治療薬の臨床研究で患者デー

になっています。

和田　門脇氏は、血糖値が高めでコントロールをしたほうがいいというアメリカのアコード試験*の結果を、真っ先に否定したお一人でしょ？　自分とつながりのある製薬会社が、この研究で儲からなくなるのは困るわけですから。彼らがこのアコード試験を無視したことで、一体どのくらいの人が、意識障害なり薬の副作用で苦しんでいると考えるのか？　岡本卓氏は、この件について本当に怒っています。

鳥集　門脇氏だけではありません。ここ10年間だけでも、東大教授には論文や研究不正の醜聞がたくさん出ました。しかし、誰一人として学内で、その責任を問われていない。身内の調査だけで「潔白だ」と言われても簡単に信用はできませんし、こうした庇い合いが平然とされていることに唖然とします。

タの製薬会社への横流しが発覚するなど、東大医学部では研究不正疑惑が続発していた。

ディオバン事件
ノバルティスファーマの高血圧症治療薬「ディオバン（一般名バルサルタン）」をめぐる論文不正事件のこと。この薬に「狭心症や脳梗塞の発症を抑える効果がある」とのお墨つきを与えたのが医師主導臨床研究。東京慈恵医大、京都府立医大、滋賀医大、千葉大、名古屋大の5大学でそれぞれ行われ、このうち名大を除く4大学で血圧値などの統計解析に不正があったとされた。5大学の臨床研究に統計の専門家として身分を隠して加わっていたノバルティスファーマ社の社員がいたことでも問題になった。

和田　どんなに不正があっても誰も責任を取ろうとしないのは、安倍政権といい勝負です。つまり、私が糖尿病の話をして何が言いたいかというと、出世欲がなかった医師で、本当に患者さんのことを考えている東大ＯＢの立派な臨床医もいるということです。

鳥集　最後に教えてください。東大医学部を出た人たちは、そもそも皆さん、幸せになっているのでしょうか。

和田　どうでしょうか。不幸と感じている人のほうが多いのではないかな。私がこんなことを言っても、負け犬の遠吠《とおぼ》えにしか聞こえないかもしれません。しかし、さまざまな思惑が渦巻くなかで出世競争に勝ち続け、東大医学部教授まで昇りつめたところで、60歳か65歳でその競争は終わります。

この対談の最初に、人生１００年時代といえども、50代で捨てられるのが日本社会と言いましたが、東大教授になったとて、

アメリカのアコード試験
2008年2月に、強化療法によって2型糖尿病患者の心血管障害を低減できるかどうかを検討するための臨床試験（Action to Control Cardiovascular Risk in Diabetes試験：ACCORD試験）が実施された。試験は、死亡率が予想を上回ったために早期終了。当時、その死亡原因については不明とされた。

たいして変わらないわけです。昔ならば、東大教授をやめた後に帝京大の主任教授だとか、大病院の院長ポストとか、よくわからない法人の会長だとかいう天下り先がいくらでも用意されていたでしょうが、高齢者があふれている今、誰もが天下りができるわけでもありません。

鳥集　かといって、医師としての力量もなければ、60歳過ぎて開業するのもリスクです。

和田　数年前に、東大医学部の同級生だったある教授の還暦祝いに呼ばれたことがありました。行ってみると招待客は、私以外はすべて東大教授だったので、少し居心地が悪いなと思いました。そういう場ではかつて何度も、「負け組の和田がこんなパーティーに来るなんて……」と馬鹿にされた苦い思い出があるからです。

しかし、そのときは違いました。その還暦を迎えた教授の奥さんがオーナー一族である大病院に雇ってもらいたくて、こちらが見ていてもみっともないくらいにヘイコラしているのです。自分たちを日本一の勝ち組と思っていた奴らが、定年が近くなると、これまでバカにしていた民間病院のオーナーに媚《こ》びを売っている。その姿を見て、自分の生き方は間違っていなかったと確信できた気がします。

鳥集　名誉や出世のために生きるとは、なんとも儚いものですね。

和田　そう、とても儚いものです。しかし若いうちはそれに気がつかない。どんなに偏差値が高くともね。

鳥集　では和田さんご自身は、東大医学部を出たけれど、現時点で幸せな人生だと考えますか？

んとも儚いものですね」

和田　私自身は、東大医学部を卒業して、教授にならずに開業をして、愚直に精神科医をやり続けているのは事実です。その一方で、いろんな本を書いたり、47歳になってから映画監督という夢に手が届いた変わり者ですから、傍から見たらよくわからない人生でしょうね。しかし、東大医学部を出て、出世欲や名誉欲とは無縁の世界で、これだけ変わり者でも生きていけるのだということを、後輩の皆さんには知ってほしいと思います。

肩書よりも、自分のやりたいように生きたほうが絶対にいいです。結局人生は、楽しかった人の勝ちです。どんなに偉くなっても、どうせ人間、死んでしまいますからね。

私の座右の銘は、精神医学の師でもある、元東大精神科教授の土居健郎先生の「人間、死んでからだよ」という言葉です。死んでも名前が残るような何かを残せるよう、これからの人生をかけていきたいです。

「名誉や出世のために生きるとは、な

エピローグ

私が、この対談で言いたい放題を言い、東大医学部が変わらないことには日本の医学はお粗末なままだと思うようになった背景を書かせていただきます。

今年で私は医者になって35年になります。

ところが、つくづく日本の医療は変わっていないなと思うことが多いのは確かです。たまたま老年医学の世界に身を置いたために、その問題点は高齢者医療から強く感じることになりました。

一つは、正常値信仰についてです。

日本では健康診断が盛んに行われ、いろいろな検査データをもとに診断を行うのですが、高血圧や軽い糖尿病のある高齢者の場合、薬、インスリンなどを使って血圧や血糖値を正常範囲に戻すと、フラフラしてしまう人が多いのです。

それどころか、血糖値を正常に戻そうとすると、失禁を起こしたり、ボケたようになったりする人が多いことを、私が勤めていた高齢者専門の総合病院、浴風会病院の糖尿病の専門家の先生は問題にしていました。朝の血糖値を正常値化すると、早朝に低血糖を起こしてしまうことが多いからだということでした。

この浴風会病院は、もともと関東大震災で家族を亡くした高齢者の救護施設、つまり身寄りのないお年寄りが入る老人ホームに付設された病院でした。また、昔から老年医学の研究を行う伝統があったため、亡くなった方の半数くらいを解剖しているので、年間100人くらいの高齢者の剖検例が出ることになります。そこではさまざまな発見がありました。

85歳を過ぎて、脳にアルツハイマー型の変性が多かれ少なかれ、まったくない高齢者はいないこと。85歳を過ぎると、ほとんどの人にどこかしらがんが見られることなどです。その他に動脈硬化も、程度の差はあっても皆さんに見られることがわかりました。

動脈硬化になると血管の壁が厚くなり、血液が通る部分が狭くなるので、血のめぐりは悪くなるし、脳梗塞や心筋梗塞の原因にもなります。そのため、血圧や血糖値、コレステロール値を下げて動脈硬化の予防をするわけですが、一旦動脈硬化になってしまうと、血流が通りづらいので血圧や血糖値はむしろ高めでないとフラフラしてしまうという事態に陥ります。高齢になったら検査データの正常値にこだわるより、本人の訴えや症状に合わせた医療を行うほうがいいと思うようになったゆえんです。

実際、浴風会病院は、亡くなるまでフォローできる特別養護老人ホームなどが併設されているので、患者さんの5年後、10年後、15年後の死亡率などの追跡調査ができます。結果的に、血圧は160くらいまでは正常の人と死亡率が変わらないことや、血糖値については、糖尿病とされている人でも死亡率が変わらないことがわかりました。

もう一つの大きな発見は、高齢者の場合は、高血圧、糖尿病、骨粗鬆症のように一人でいくつも病気を抱えているということです。この場合、各々の病気に正常値を目指して薬を出していると、たいていの高齢者は具合が悪くなります。高齢者の場合は、薬の優先順位をつけ、その種類を制限できるような総合診療医が必要なのだと痛感しました。

この手のことをまとめて、1996年に『医者よ、老人を殺すな!』(ロングセラーズ)という本を書いたのですが、そこに書かれている問題の多くは未だに改善されていないし、現在でも通用する話だと自負しています。高齢化が進めば、専門分化型の医療から総合診療型の医療に変わっていかないといけないし、正常値にこだわるよりエビデンスを求めて、高齢者が最も長生きできる治療を研究しないといけない。なのに、事態は一向に改善していないということです。

私が医者になった1985年には10・3%に過ぎなかった高齢化率は、2020年には28・9%になりました。この間に、高齢化社会(人口の7～14%が高齢者)が高齢社会(人口の14～21%が高齢者)を飛び越えて、超高齢社会にまでなったのです。

こうした話をなぜ紹介したかというと、私は、その背景に東大医学部の存在があると睨《にら》んでいるからです。

専門分化型の医療から総合診療型の医療への移行の方向性は打ち出されているし、いくつかの大学医学部で総合診療科というものができているのですが、現実にはそのような改革はほとんど進んでいません。彼らの扱いは、専門科と対等というより、専門科のワンノブゼムの扱いなので、圧倒的に主流は専門科であることは変わっていません。

本書にも書かれたスーパーローテートは始まったのですが、これもいくつかの専門科の研修ができるというだけで、体全体を診て優先順位をつけるというトレーニングには程遠いものです。

老年科とか、老年内科などが20近い大学病院でできたのですが、実情は他の内科の教授選で落ちたような人が教授になることが多く、老年医療の実績がほとんどなかったり、専門科が偏っていたりすることが多いのが実情です。

そのトップランナーというべき東大の老人科（現・老年病科）では、歴代の教授が過剰な接待で週刊誌に実名報道されたり、息子の不祥事が20歳を過ぎているのに実名報道されなかったり（製薬会社からの圧力があったと私は推測しています）で、製薬会社べったりの人が歴任してきたため、高齢者の薬を減らす研究はほとんどしてきませんでした。

ただ、東大の老年病科が頑張ったところで、東大医学部の趨勢《すうせい》が変わらないのも事実です。

本書でも問題にされたように、東大の各医局の教授は、自分たちの専門科の学会のボスであることが多く、専門分化を志向する傾向がとても強いのです。つまり、東大医学部が抵抗勢力になっているので、高齢化が進んでも、日本の医療が総合診療型に向かっていかないと私は考えています。それが高コストで、かつ人々の寿命にいい影響を与えていないことは、地域医療の盛んな長野県が、一人当たりの老人医療費が日本で最も安い県の一つなのに、平均寿命はずっとトップクラスで推移していることからも十分推測可能なのにです。

あと一つ、浴風会病院で学んだことがあるとすれば、出来の悪い学生や不真面目な学生でも、師が立派ならかなりまともな医者になれるということです。

私の場合は、竹中星郎先生という老年精神医学の父のような先生のもとで学ぶことができたおかげで、老年精神医学の世界の臨床でなら、そうそう負けることがないと自負しています。つい最近お亡くなりになったのですが、その遺志が継げるよう精進を重ねるつもりです。

その後も、アメリカの精神医学校で勉強したり、土居健郎先生の精神分析の治療を受けたりなどできたため、精神療法でもあまり負ける気がしません。

アメリカに留学したときつくづく思ったのは、受験勉強でしっかり勉強していたせいか、毎週300ページもの英文を読む宿題を出されても苦にならなかったことです。つまり、受験勉強が得意な人間が東大理Ⅲに入ることがまずいのでなく、その後の指導がなっていないから、研究も臨床もパッとしないというのは、このような私の体験から実感したことなのです。

本来は医局のようなヒエラルキーのシステムは前時代的なものなのですが、この傾向はさらに強まる気がしています。

私は長年、受験勉強法の通信教育をやるなどして、ずいぶん、東大生や東大医学部生を見てきましたが、東大医学部生がどんどんおとなしくなっているのにびっくりしています。本書でも書かれたように、かつて東大医学部は学生運動の中心地とも言えるところでした。ところが今では、いくら教授が不祥事を行っても、まったく学生運動につながりません。

鉄緑会のような予備校がうなるほどの量の宿題を出して、それについてきた人たちが多く入るようになった、つまり、塾の言いなりになって勉強してきたような人たちが入学者の主流になったことの悪影響なのではないかと私は思っています。かつては勉強法を工夫し、教師に逆らって入るような受験生が多かったのに、上から言われたことを処理する能力は高いが、自分でやり方を工夫し、自己流を考えられる人が減ってきているということです。

さらに2018年度から入試面接が採用されるようになりました。

前述のような東大医学部の教授たちが、たった10分の面接で適性を判断するというのですから、これで落とされる受験生が可哀相でなりません。しかし多くの予備校は「東大医学部が求めている学生像に合った受験生であることを面接で示す」という対策を指示しています。要するに、さらに学生たちが教授に合わせることが求められてしまったのです。教授に喧嘩を売りそうな受験生を優遇するハーバードなどアメリカの名門大学の入試面接とはまったく逆の方向性です。

これでは医学部の現状が変わるわけがないと私は心配しています。

医者になるという強い動機を持たず、勉強ができるから、偏差値がトップだから東大理Ⅲに入るので、医者にならず他の世界に進む学生が多くいるからというのも、この面接導入の言い訳になっているようです。

そもそも、東大理Ⅲというのは、東大医学部ではありません。

本来は教養学部で、しっかり勉強して、その上で進路を決めるという東大独自のシステムのはずです。東大に入ってから東大医学部の内実を知ったり、他に面白い研究分野があることや、もっと自由に研究ができる物理学科や数学科のような雰囲気を知ったりすることで、そちらに進路を変えても問題ないでしょう。あるいは、医学部に進んでから、閉鎖的、ヒエラルキー的なものが嫌になり、他に進路を変えるという選択肢もあっていいと思います。

スポーツのような世界でも、頂点を目指すことで全体のレベルが上がり、世界と競争ができるようになるのですから、受験の世界でも頂点があること自体は悪いこととは思えません。でも、その人たちが必ずしも医者にならなくても、別の世界で優秀な研究者や優秀な経営者になるのなら、最終的に国のためになるのではないかと最近は考えるようになりました。権威にあぐらをかいている医学部の教授たちも、理科Ⅲ類に受かった学生の3割くらいが自分の指導を受けたくないという姿を示すことで、少しは危機感を覚えるかもしれません。

それに、たいした能力もないのに肩書だけが立派な教授に才能を潰されたり、あるいは教授の言うことが全部正しく、臨床より研究があるべき姿だなどと洗脳されて臨床も二流、研究も二流の医者になるくらいなら、別の世界で競争に勝ち抜いていくほうが、本人のためにも、国のためにもなることは明らかだと思います。

それを、医者にならない人がいる、医学に興味がない人がいる（これだって、自分たちがいい指導をすれば気が変わることは十分あり得るものです。現に私がそうでした）からといって、従順な人間を選ぶ入試面接を採用することで、素晴らしい才能をはじくということがあっていいとは思えません。

私は長年、受験産業にも身を置いているので、東大理Ⅲに入るためには、学校の言いなりだけではダメで、特別な数学などの才能を持った子でない限り、なんらかの勉強法の工夫が必要だということがわかっています（それがないのに、6年間の勉強漬けで理科Ⅲ類に入れてしまう鉄緑会のような塾の存在は残念だと思いますが）。少子化やゆとり教育以降の公教育の骨抜き化で競争相手が減っているため、東大に入る学生のレベルはかなり下がっているでしょうし、東アジアのライバル校の生徒より学力が低いという話もあります。そのなかで理科Ⅲ類に入る子は特別な能力を持った青年なのですから、大切に育てる必要があると思っています。

幸い、彼らは知的な能力が高いだけでなく、競争が好きという特性があります。

その競争が、お金を生むとか、すごい研究をするとかいう形の結果で勝負ができるものなら、日本のために大きなメリットになるはずですが、上に気に入られるほど出世競争で勝てるということになると、能力が十分発揮できません。だから、理科Ⅲ類に入った人間が別の世界で競争できる選択肢があったほうがいいように思えてなりません。

本書で書いたように、今の東大医学部では、その才能が飼い殺しになってしまうという危機感が私にはあるのです。

私の人生の選択で、最高にラッキーだったと思うことに、高齢者専門の精神科医という職についたということがあります。

多くの高齢者の晩年を見ることで、かつては政治家や経営者として成功した人でも、人に慕われていないと意外に惨めな晩年を送ることを知りました。上に媚びたり、人を蹴落としたりというようなことをすれば、自分より若い人に慕われないだけでなく、自分を引き上げてくれた人がたいてい先に死ぬので晩年は孤独になってしまいます。それに人より早く気づいたので、上に媚びて出世を目指すより、少しでも若い人たちに慕われるような医者になりたいと思うようになりました。

さらに言うと、社会的地位なんて究極的には、一過性のものだと思えるようになりました。私はもう60を過ぎましたが、同期の出世頭となった東大教授たちが、民間病院や私立大学への天下りを考えて、そのトップに媚びている姿を見ると、私がもう少し若い頃に気づいたことは正しかったんだと思うようになりました。

東大理Ⅲに入った子は、その合格に胸を張っていいと思いますが、東大のなかで出世すればいいという悪しき価値観に染まってほしくありません。

もし本書の読者のなかに東大理Ⅲを目指す子や、現役の東大の理Ⅲ生、医学部生がいるなら、自分の実力で勝負して、その能力をいかんなく発揮してほしいし、それによって日本の医学をよりよいものにしてほしい。そのために教授と喧嘩になってもいい。それが医学部の世界ではかなわないと思ったら、躊躇なく、別の世界で勝負してほしいというエールを送りたいのです。

その他の読者の皆さんも、本書を読むことで、少しでも東大医学部に入る子どもたち、若者たちが、ある種の宗教団体のようになってしまった東大医学部が変わって、彼らの才能を発揮できるように応援していただけると著者として幸甚この上ありません。

末筆になりますが、私がこれだけ言いたい放題のことを言えたのも、鳥集徹さんの医学、医療の世界への類《たぐい》まれなる造詣の深さによるものです。安心して言いたいことが言えました。これには本当に頭が下がります。これによって、東大医学部側から意見がきたとしても、公開でなら、いくらでも反論ができる自信がつきました。

さらに、私の出版する書籍に関して、長年編集の労をとっていただいたブックマン社の小宮亜里さんのサポートも本当に力づけられるものでした。

東大医学部に興味のない人にも、本書によって医学の世界の実態をかなりリアルに伝えることができたと自負しています。

本書のなかでは、私は自分の知っている範囲のことを語らせてもらったので、(可能な限り裏は取りましたが）もしかすると認識の誤りや、東大医学部関係者からの反論もあるかもしれません。これに対して、公開の場ならいくらでも討論を受けて立つ覚悟があります。もし事実誤認があれば謝罪し、訂正します。反論に対して議論に負けるようなことがあれば、医師の免状を返上してもいいと思っています。

そのくらい、私としては自信のある内容です。

ただ、今の東大医学部の教授たちに、そんな度量と度胸がある人がいるとは思えませんが。

最後までお読みいただき、本当にありがとうございました。

2020年9月　　和田 秀樹

「東大医学部・東大病院に関わる主な事件や不祥事」

1948年　「輸血梅毒事件」

1948年2月、子宮筋腫の手術のため東大病院に入院した女性が、手術の前後に4回の輸血を受け、4回目の給血者が梅毒に感染していたことから梅毒に罹患。このため、歩行障害や視力減退の後遺症が残り、離婚をするなど大きな損害を被ったとして、国を訴えた。一審で原告勝訴したが、裁判は最高裁まで持ち込まれ、医師に過失ありと認定された。（参考：『法学教室』有斐閣2008・2）

1950年　「医学部助教授毒殺事件」

1950年1月、東大医学部歯科口腔外科の助教授が、北陸本線夜行列車に乗車中、持参したウイスキーを飲んで急変し死亡。その後、ウイスキーから青酸カリが検出された。2月、助教授の部下であった東大医学部小石川分院歯科医員を逮捕。女性関係がだらしないと叱られたことを逆恨みしての犯行だったと供述。青酸カリは、戦争末期に自決用に持たされていたものを使ったという。（参考：『日経メディカル』2005・10・19）

1950年　「臺（うてな）実験」　⇓P162参照

1955年　「ルンバール事件」

1955年9月、化膿性髄膜炎で東大病院に入院していた3歳男児。入院後、連日のルンバール検査（腰椎穿刺による髄液採取とペニシリンの髄腔内注入）と投薬によって症状は軽快していた。ある日、担当医が学会に出席するために、男児の昼食20分後にルンバール検査を実施。それは通常は避けている時間帯であった。その際、男児が嫌がって泣き叫びだしたが、担当医は馬乗りになって、何度か失敗しながら30分程を要して穿刺。男児は、その15分~20分後に嘔吐。2時間後にけいれんが起き、容態は悪化。右半身不全麻痺と知能障害が残り、家族は東大病院を経営する国に損害賠償を求めた。しかし国（医師側）は、ルンバールとは無関係に化膿性髄膜炎が再発したと主張。その後、最高裁で医師の過失が認められた。事件から判決まで20年がかりの裁判となり、因果関係の証明に関して「指導的な判断」を示した判例医療訴訟裁判の代表例となっている。
（参考：『日経メディカル』２００５・10・19）

１９６８～69年　「東大紛争」

「安田講堂事件」で知られる東大紛争の発端は、東大医学部にあった。戦後ＧＨＱにおいて制定されたインターン制度は、研修医として1年間無給で働かなければ医師国家試験を受験できないというものであった。これに反発した東大医学部生が自主研修協約を東大病院に提出するも、大学側はこれを拒否。そこで医学部学生自治会および青年医師連合（卒業生による組織）は、68年より無限ストライキを始める。69年6月15日、要求を無視し続ける大学への反発を強め、本郷キャンパスのシンボルである安田講堂を占拠。東大総長の大河内一男は同17日、機動隊に出動を要請し学生を排除したことから、騒動はさらに拡大。7月2日、安田講堂はバリケード封鎖された。その3日後に東大全学共闘会議（東大全共闘）が結成されて、大規模な大学闘争へと繋がっていく。

１９６９年　「高圧酸素タンク爆発事故」

１９６９年４月、東大病院の高圧酸素治療室内で高圧酸素タンクが爆発。60代と50代の患者2名と、医師と助手が焼死した。この治療は、高濃度の酸素を送り込むことで障害部位の治療効果を上げるとされるもので、当時、脳梗塞後遺症のリハビリ治療などで多用されていた。事故から半年後、警察は助手がタンクに持ち込んだ眼底撮影用のカメラの電源がショートして、高圧酸素に引火したのが原因と発表した。

１９８３年　「宇都宮病院事件」　⇓Ｐ１６３参照

１９８０年代　「薬害エイズ事件」

厚生省（当時）が承認した非加熱血液製剤にエイズ（ＡＩＤＳ＝後天性免疫不全症候群）の原因となるＨＩＶ（ヒト免疫不全ウイルス）が混入していたことにより、主に１９８２～85年にかけて、これを治療に使った血友病患者の4割、約２０００人もがＨＩＶに感染。米国でのエイズの流行を受けて、厚生省は非加熱血液製剤の安全性を検討するエイズ研究班を設置したが、研究班が継続使用を認めたため対策が遅れ、血友病患者への感染が拡大した。89年、被害者と遺族は厚生省と製薬企業5社を被告とする損害賠償訴訟を起こし、96年3月に被告が全面的に責任を認め和解が成立。同年、研究班の班長を務めていた帝京大学医学部・安倍英教授（東京帝國大学医学部卒）が、血友病患者に非加熱血液製剤を投与してＨＩＶを感染させ、エイズを発症させたとして業務上過失致死罪で逮捕・起訴された（一審無罪。控訴審中に死去）。（参考：「社会福祉法人はばたき福祉事業団」のＨＰ等）

１９８９年　「昭和天皇崩御――がん告知はされず」

１９８９（昭和64）年1月に崩御された昭和天皇。87年9月に歴代天皇で初めて開腹手術をしている。執刀医は東大医学部第一外科の森岡恭彦教授。腸の通りをよくするバイパス手術だった。手術時、腫れ上がった膵臓の一部が現れた。膵臓がんであることは明らかだったが、予定通りの腸の手術のみを行った。その後、高木顕侍医長、森岡教授、宮内庁長官、侍従長の4人により、慢性膵炎と発表することを決める。しかし、一部切り取られた膵臓の患部は東大医学部・病理学研究室の浦野順文教授の病理組織検査により正式に膵臓がんと確定された。浦野教授は、その後、自身ががんで死去。〈天皇陛下の癌〉というタイトルのレポートが浦野教授の死後に発見された。そのレポートには、以下のような記述（一部抜粋）があった。

〈現在の日本における社会状態、国民の一般的知的水準、その他から、今回の陛下の御病気を最後まで慢性膵炎で押し通すことは難しいと考え、また事実、それは日本のために必ずしもよくない事と判断した。従って、いつの日にか真の病名を公表せざるを得ない時が来ると思った。またそれは皇室にとっても決して悪いことではないと信じている。陛下は御承知のように、自然科学者であられ、御自身でも真実を尊ばれると拝察する〉〈臨床家自身も開腹時すでに悪性のものを疑い、肉眼所見より癌と実際には診断している。病理学的所見では更にそれが裏付けられている。若干の批判も起こるだろうが、病名の告知という問題、また癌の告知に関する日本人全体の考え方もあり、多くの日本人は我々のとった態度を了解して頂けると考えている。しかし、誤診となると我々の面目に係わる。これは責任が臨床にあるとか、病理にあるとかという事ではなく、今回医師団の一員として参画した東京大学医学部の鼎（かなえ）の軽重を問われかねない問題になるということを危惧する〉（参考：『週刊新潮』２０１６年3月3日号）

１９９０年　「元医学部教授、退官直後に自殺」

１９９０年12月、アイソトープ協会理事でもあった東大医学部放射線医学教室の元教授が、都内の自宅で首つり自殺。東大医学部を退官したばかりで、在職中の収賄疑惑で検察に事情聴取される直前だったという。

1992年「エホバの証人輸血拒否事件」

キリスト系宗教団体「エホバの証人」。この団体は、聖書の言葉を守り輸血を拒否する立場をとっている。肝臓がんになった信者の女性が、輸血をせずに生理食塩水の点滴のみで肝臓がんの手術を成功させた実績が東大病院にあると知り、転院。手術を受けることに。女性は、「どんな事態になっても輸血だけはしないでほしい。たとえ輸血をしなかったことで命を落としたとしても病院側の責任は一切問わない」旨、文書にして東大病院側に提出。担当医は「できるだけ患者さんの信仰を尊重する」と応じたものの、女性は急変し、緊急手術となる。肝臓の大部分を切除することとなり、担当医は輸血をして手術を成功させた。

しかし女性は翌年、担当医と東大病院に対し、信仰の自由、自己決定権の侵害により1200万円の損害賠償を請求する民事訴訟を起こす。原告の女性は97年に亡くなったが、家族が裁判を続け、最高裁まで争うことに。2000年、「医師は患者に治療方針を十分に説明しておらず、インフォームド・コンセントを怠った。患者が宗教上の信念から、輸血を伴う医療行為を拒否した場合、このような意思は人格権の内容として尊重されなければならない」という初判断が下された。損害賠償として東大病院に55万円の支払いを命令。（参考：『朝日新聞』2000年3月1日）

1992年「医学部助教授、収賄容疑で逮捕」

1992年11月、東大医学部胸部外科の助教授と都立駒込病院の内科医長が医療機器心臓ペースメーカー収賄の容疑で逮捕。2人は見返りとして、助教授が600万円、内科医長が400万円弱を受け取っていたという。

1993年「東大医師、未成年にわいせつ行為」

1993年、東大病院内科助手が交際していた17歳少女とその友人にハルシオンを横流しし、車内でわいせつな行為に及んだ。少女の通報で発覚し、助手は逮捕。本人もハルシオンを常用していたという。

1995年「東大医学部出身のオウム信者を逮捕」

1995年、オウム真理教による「地下鉄サリン事件」他、一連の事件の容疑者として逮捕されたなかに、灘校→東大医学部出身者の石川公一、富永昌宏がいた。石川公一は医学部3年のときに大学を休学して、90年にオウム真理教に入信。麻原の三女の家庭教師を務め、各イニシエーションを開発したといわれる。石川の友人であった富永もその後入信。富永は93年に大学を卒業し、医師免許を取得。同年6月から東大病院に研修医として勤務するが、半年後に退職し、94年に出家。教団の諜報省次官となる。麻原からの信頼も厚く、「マンジュシュリー2世」と呼ばれていた。2013年、厚労省から医師免許取り消し処分を受けた。

1996年「リンデロン注射で妊婦が植物状態に」

1996年11月、アメリカでの体外受精で三つ子を妊娠した47歳の女性が出産のために東大病院に入院。胎児の肺機能を活性化させるのを目的に、医師資格を取って1年目の研修医がこの妊婦にステロイド剤のリンデロンを12cc注射。その直後、女性は呼吸困難に陥った。通常、こうした場合の処置としては、気管支けいれんを緩和するための薬を投与するのだが、研修医は酸素吸入を行い、女性は20分間の呼吸停止ののちに植物状態に。胎児を取り出したが、三つ子も全員死亡していた。当初、この医療過誤を報道した毎日新聞に対し、東大病院側は「研修医が行った処置は適切だった」とコメントし、裁判でも病院側が勝訴。（参考：『ワセダクロニクル』2019年1月16日）

1997年「医学部大学院生に甘い処分」

東大医学部大学院耳鼻咽喉科1年の男が、覚醒剤の不法所持で現行犯逮捕。初犯で覚醒剤未使用だったために20日間の拘置後に釈放されたが、大学側は厳重注意のみで、退学どころか停学処分もせず。

2000年「危険物の垂れ流しが発覚」

2000年7月、東大の法医学、病理学の2教室が、過去30年間にわたって、劇物のホルマリンや、遺体解剖の際に流れ出た血液を未処理のまま下水道に垂れ流ししていたことが発覚。ホルマリンは、毒劇物取締法では、「劇物」に該当する。排出されたホルマリンの量は年間5トン以上に達するとみられ、法医学教室では汚染血液の一部も垂れ流していたというが、東大医学部は「人体に影響のある数値は水質調査で出ていない」とコメント。一方、同法医学教室担当教授は、「危険性は認識しており、水と一緒に流していた。今後は下水道に流さずに処理をする」と謝罪した。

2003年「雅子さまの主治医が研究費を流用」

2003年6月、東大医学部は、産婦人科教授が、国から支給された科学研究費を流用していた問題で、停職1ヵ月の懲戒処分とした。同教授は01年3月に宮内庁東宮御用掛に就任。皇太子妃（当時）雅子さまの主治医を務めていた。同教授は98年度から02年度までの5年間に、科学研究費補助金のうち、約2252万円を自分の個人口座や研究室にプールして、学会出席のためと銘打ったハワイ旅行の旅費など目的外に使っていたという。同教授は大学側に対し、「私的流用はないが、不適切な点があったことはおわびします」とする文書を提出している。（参考：『毎日新聞』2003年6月3日）

2005年「医学部4年生、覚せい剤で逮捕」

2005年12月、関東信越厚生局麻薬取締部は、東大医学部4年生を覚醒剤取締法違反の疑いで逮捕。この医学部生に覚醒剤を販売していた無職少年も同法違反（営利目的所持）の現行犯で逮捕した。医学部生は10月2日、都内の路上で、無職少年から覚せい剤1グラムを3万円で購入した疑い。少年は、薬物を取引するインターネットの掲示板を通じて覚せい剤を密売。医学部生は、この掲示板を通じて十数回購入していたとみられる。

2009年「ディオバンをめぐるデータ捏造疑惑」

2004年、京都府立医大の松原弘明元教授は、ノバルティスファーマ社が販売するドル箱降圧剤バルサルタン（商品名ディオバン）の日本初の大規模臨床試験を行い、09年に「脳卒中のリスクを下げる」とした論文を国内外の学会誌に発表。しかし09年から12年にかけて、数多くの解析ミスがあり、データの捏造と改ざんが疑われるとして、学会誌側が相次いで松原論文を撤回した。13年に松原氏は同大を退職。また、慈恵医大、滋賀医科大、千葉大、名古屋大で行われたバルサルタンの試験でも、データの人為的操作の疑いが発覚。いずれの論文でも、同社の社員が所属を明らかにせず、試験のデータ解析の担当者として名を連ねていた。千葉大での試験の研究責任者だったのは、09年まで同大教授を務めていた小室一成氏（現在、東大大学院医学系研究科内科学専攻器官病態内科学講座の教授）。千葉大は小室氏に処分を科するよう東大に勧告したが、15年に「研究不正行為はなかった」とする報告書を公表した。

2012年 「iPS細胞移植虚偽事件」

2012年10月、東大は、世界で初めてiPS細胞から誘導した心筋細胞移植をヒトで行ったと発表した東大病院特任研究員、森口尚史氏を懲戒解雇処分にした。森口氏は移植手術について「1件はやった」との主張を崩していないが、東大は少なくとも5件は虚偽だったと判断、「大学の名誉、信用を著しく傷つけた」とした。また、森口氏を管理・指導する立場にあった東大病院形成外科の助教授を、戒告の懲戒処分にした。助教授は2014年に東大病院を退職している。

2014年 「学歴ロンダリング疑惑で大学院教授を解雇」

2014年3月、東大は、50代の男性大学院教授を論旨解雇したと発表した。2010年に教授就任のご祝儀として、知人女性医師から100万円を受け取ったため。教授はこの女性の東大大学院受験で便宜を図るような態度をとっていたが、直前になって態度を翻し、女性は不合格になった。その後、女性が大学のハラスメント防止委員会に訴えて、問題が発覚。教授と女性は深い仲と噂されてもいた。(参考:『週刊朝日』2014年4月25日)

2014年 「SIGN研究事件」

東大病院血液腫瘍内科(黒川峰夫教授)が中心となって、22の医療機関が実施した慢性骨髄性白血病(CML)治療薬の医師主導臨床研究「SIGN研究」で、254人分の患者の個人情報がノバルティスファーマ社(以下ノ社)に不正流出していたことが発覚。ノ社員が、黒川教授の名前を使って研究者らにメールを送ったことなども判明した。流出の規模の大きさから、3月14日に東大病院が記者会見を開き、6月にはHPで調査結果を公表。翌年2月に東大病院は黒川教授を厳重注意処分とした。東大病院の調査チームは、ノ社が関係する10年以降の臨床試験を審査委員会や倫理委員会への申請書類に基づいて調査。加えて、ノ社以外の関与を調べるため、全診療科にアンケートを実施。その結果、SIGN研究以外にも5件の臨床研究で、製薬企業の不適切な関与が認められた。そのうち4件は、黒川氏の教室で実施されたノ社の研究に関するものであり、合計53例で、患者の保険番号が入ったデータが、ノ社の社員にわたっていたことが明らかになった。だが、調査委員会委員長の斎藤延人東大病院副院長は、「ノ社の社員で(流出は)止まっている。広く拡散しているわけではない」と説明。(参考:『m3.com』2014年6月25日、『日

経新聞』２０１５年2月13日）

２０１５年　「薬を誤投与した男児が翌日死亡」

２０１５年、多臓器不全で入院中だった就学前男児に看護師が内服薬を誤投与。翌日に死亡したことを、17年になってから東大病院はＨＰにて公表。患者は血圧低下などを起こしたが、誤投与と死亡の因果関係について病院は、遺族に謝罪したものの、「何らかの影響を与えた可能性があるが、医学的な判断は困難」としている。遺族側の弁護士によると、誤った薬のなかには、抗てんかん薬2種類や抗けいれん薬も含まれ、この患者に使われる薬ではなかった。量も過剰だったとしている。東大病院は「内服薬をバーコードで管理し、改善に取り組む」としている。（参考：『日経新聞』『朝日新聞』２０１７年1月31日）

２０１６年　「研究論文５報の不正行為を認定」

２０１６年８月、研究不正が疑われる医学・生命科学系の論文22報を〈Ordinary researchers〉（平凡な研究者たち）と名乗る匿名の個人またはグループが東大、文科省、厚労省、マスコミ各社に告発した。「ネイチャー」「サイエンス」「セル」「ニューイングランド・ジャーナル・オブ・メディシン」等に掲載された論文の画像やグラフの不自然な点を指摘しており、元になったデータが実在したかも疑わしいとされている。東大はこれを受理。国会でも取り上げられる。

17年8月、東大は調査報告を発表。告発された論文のうち、分子細胞生物学研究所の渡辺嘉典教授が主催する研究室の計5報の論文について不正行為を認定。一方、医学系教授が主催する5研究室の論文については不正行為を認定しなかったため、メディアからは反論の声も上がった。医学系論文のなかには、当時糖尿病学会のドンと言われていた門脇孝教授（糖尿病・代謝内科）や、ディオバン事件との関与も追及されていた小室一成教授（循環器内科）が発表した論文も含まれていた。

同年12月には、『ＮＨＫスペシャル』〈追跡　東大研究不正〜ゆらぐ科学立国ニッポン〜〉が放送される。番組内では、東大が不正認定した分子細胞生物学研究所の論文を追いかけ、不正認定に至らなかった東大医学部の論文については触れずに終わった。（参考：『週刊現代』２０１６年9月30日、『日本経済新聞』２０１７年6月20日）

2017年　「妊婦にインスリン過剰投与事故」

2017年12月6日、東大病院脳神経外科（斉藤延人教授）で、脳梗塞で入院中の30代妊娠初期の女性に、血液を固まりにくくする「ヘパリン」と間違えて看護師が「インスリン」を誤投与。1時間経過した頃、女性は気分の悪さを訴え、採血。しかし医師は、「データ上は問題ない」と判断し、およそ22時間投与した。翌日、女性は嘔吐し意識不明となる。再び採血し、女性が低血糖になっていたことから、ここで初めて医師たちは誤投与に気づく。女性の体内には13mlのインスリンが入っていた。幸い、女性に後遺症はなくその後無事出産した。この患者女性が、別病院に勤務する医師だったために、東大病院は事故を隠しきれずに、日本医療機能評価機構（死亡例以外の医療事故を報告する組織）に報告したと報道されている。（参考：『ワセダクロニクル』2019年1月16日）

2018年　「マイトラクリップ事件」

2018年10月7日、東大病院循環器内科（小室一成教授）で、41歳の男性患者が亡くなった。死亡診断書には「特発性拡張型心筋症による慢性心不全の急性増悪」による病死及び自然死と記載されていたが、その治療のための僧帽弁カテーテル治療（マイトラクリップ）手術の直後に亡くなったことから、疑惑の声が上がった。死亡した患者の手術は、カテーテルでマイトラクリップを留置する手前で肺を傷つけ血気胸を起こしてしまい中断。さらに、レントゲン写真でこの気胸を見逃したことから重篤化し、死に至った可能性が高いという。しかし、東大病院は今のところ死因究明を積極的に調査していない。（参考：『ワセダクロニクル』2018年11月3日）

2019年　「東大病院整形外科医が女子高生に痴漢」

2019年1月、JR山手線内で女子高生に痴漢をしたとして、東大病院整形外科の医師が警視庁に逮捕された。東大病院は公式HPで、逮捕されたことを認めた上で「事実関係を確認した上で厳正に対処してまいります」と同容疑者を処分する方向であることを明らかにした。（参考：『日刊スポーツ』2019年1月11日）